JN086312

お金の管理が苦手な フリーランス のための お金と税金

わかる本

税理士法人TOTAL神田事務所所長・税理士

廣岡実

Hiroka Minoru

アスコム

はじめに

この本はフリーランスのためのお金と税金を解説する本です。

フリーランスなら必ず知っておきたい税金のルール、お金の管理の仕方、将来への備え、利益を上げていくためのお金との向きあい方などを紹介していきます。


改めてですが、フリーランスとはどんな人でしょうか？

一般的な定義はこんな感じです。

「フリーランスとは特定の組織に属さない自由な立場の人（またはその働き方）」


フリーランス、個人事業主、自営業、起業家……。

細かく分ければいろいろな呼び方があると思いますが、この本ではまとめて「フリーランス」と呼びたいと思います。

私はその人たちを「人に使われていない人」と定義したいと思います。

そう、**周りから指示を受けずにすべて自分で判断する人がフリーランスです。**

もちろん、仕事をやるうえではクライアントからの指示を受けたり、お客様の要望に応えたり、自分一人で自由にできることはむしろ少ないでしょう。

でも、その仕事をやるかどうかはあなたの自由。

好きな場所に事務所を構えるのも、こだわりの名刺を作るのも、かっこいいホームページを作るのも、あなたの自由です。

それは楽しいことで、フリーランスの醍醐味の一つではありますが、その反面、税金のことやら、人の問題やら、将来のことやら、いろいろと悩むこともあるでしょう。そのたびに判断や決断を迫られることも多くなります。

そして**それらの問題や悩みには、必ずお金の問題が伴います。**

◎フリーランスこそ、お金の管理が大事

ご挨拶が遅れました。私は税理士の廣岡実と申します。

税理士業を始めてから28年になります。今までたくさんのフリーランスの方の税務のお手伝いをさせていただいてきました。

職種もカメラマン、漫画家、小説家、スタイリスト、ヘアメイクなどさまざま。マナー講師をされている方やエステティシャンもいるし、レストランやバーなどの飲食店の経営者や、ネット関連で独立・起業した方もいます。

フリーランスや起業して独立した方の会計を見ていると、ご本人に会わずとも「この人（事業）は伸びそうだな」ということがわかるようになります。

逆も然りで、「この人（事業）は危ないな」ということも一目瞭然です。

フリーランスは会社員に比べてお金の管理がとても大切です。

なぜなら、仕事が自由にできるのと同じく、お金の管理もあなた自身に任されているからです。儲けが出たら税金を支払わなければいけませんし、報酬がちゃんと振込まれているかをチェックし、仕事に必要なものの購入・支払いもしなければいけません。

ひとたびフリーランスの土俵に上がったら「知らなかった」では済まされません。それでも、お金や税金のルールを知らなかったばかりに、余計な税金を払うことになったり、事業が伸びなかったり、中には廃業に追い込まれてしまった人も見てきました。

とくに、**会社員からフリーランスに転身したばかりの人は、税金のルールの違いに戸惑う人が非常に多いのです。**

◎ 会社員でもフリーランスの稼ぎ方を知ろう

この本はフリーランスになることや起業をすすめる本ではありません。

会社員は安定しているが、稼げる上限もほぼ決まっていて定年がある、フリーランスは実力次第でいくらでも稼げるが、収入の波があり、年齢にも左右される、などそれぞれにメリット・デメリットは当然あります。

ですが、それはあくまで「一般的に」言われていることにすぎません。

どの働き方がいいかは人それぞれです。

とにかく年収をアップさせたいのか、自由な働き方をしたいのか、安定を優先させたいのか、目指すところや、幸せの形は人それぞれです。

同じ人であっても、年齢によっても違ってくるでしょう。

一つ言えることは、人生は長く、さまざまなライフステージで、何かとお金がかかります。

そして今は一生同じ働き方をする人は少なくなりつつあります。

いやいや、自分にはフリーランスなんて無縁です、という人でも会社を最後まで勤め上げても65歳くらいで定年があり、その後、100歳近くまで生きることになるのです。**どこかのタイミングでフリーランスとして働く可能性は高いです。**

お金を稼ぐなら、投資でもいいのでは？　と思う人もいるかと思いますが、お金は働いて稼ぐのが基本です。**基本があっての投資だと私は考えています。**

今、会社員であっても、フリーランスのお金の稼ぎ方を知っていて損はありません。

そうすれば、いざという時に、働き方の選択をすることができるようになります。

それは、あなたの人生が自由になることでもあります。

「お金のことは苦手なんです」「税金の計算なんてやりたくありません」などと言っている人は、一生働き方を変えることはできないでしょう。

お金のことを学ぶと、もっと自分の仕事や自分に自信が持てるようになります。

前述した通り、フリーランスや個人事業主の方の現実は厳しいことがあるのは確かですが、それでもそこで身につく「自己実現」「仕事を通じて身につく知識や経験」「自分ひとりで生きていく術」は会社員をやっているだけでは得られないことです。

この本ではできるだけ専門用語は使わず、誰もがスイスイと読めるように心がけました。かつ、何かと忙しい皆さんに配慮し、**いわゆる大学の講義1コマ分、約90分あれば読み切れるぐらいのボリュームに絞り込みました**。

この本を読むことでお金に関する不安がなくなり、仕事がスムーズにいくようになったり、お金の管理に自信が持てたりするようになることを切に願っています。

CONTENTS

2章　成功するフリーランスの経費の使い方と節税法

3章 脱どんぶり勘定！ お金の管理能力をつける

4章 今さら聞けない！確定申告で損しない方法とインボイス

5章 法人化のタイミングとその後

6章 長くフリーランスを続けていくために

この本の登場人物

ワニ先生
フリーランス界隈から
信頼の厚い
ベテラン税理士

フリーランスさん
Webライターとして
独立2年目。
保育園に通う
子どもが一人いる

会社員くん
広告会社に勤務して
10年目。
独立や起業も
気になるこの頃

1 章

フリーランスになったら まず押さえておきたい 税金の種類と仕組み

フリーランスの第一歩は脱・手取り生活

少し前、昨年会社員を早期退職してフリーランスとして独立した40代の男性と話をする機会がありました。

「センセ〜、税金がこんなにかかるって思ってもみなかったですよ」

と嘆いています。思わず、

「いやいや、会社員時代だって税金をしっかり払っていたんだから。給与明細の税金部分、見ていなかったんですか？」と聞くと、

「新入社員ではじめて給与をもらってから約20年間、ほぼ見てなかったですね。手取り金額を確認したら給与明細はさっさと捨ててましたよ」

とおっしゃっていました。

まあ、そんなもんでしょうね。

「税金でこんなに取られているんだ」と確認するのもそんなに面白いものではないし、実際そこに問題意識を持ったところで自分自身にはどうすることもできません。なんとかしようと思うと政治の問題になってしまいます。だから、とりあえず「見てみないふり」をしてしまうのです。

そして**結果的に自分の給与の中身に疎くなり、「自分は税金をいくら払っているかもわからない」という会社員が量産されてしまう。**

◎ 手取りはラクチンだが……

会社が従業員に払う給与から所得税を天引きすることを源泉徴収といいます。個人の代わりに会社が納税をしてくれる制度です。日本で給与から源泉徴収されるようになったのは1940年から。日本はナチス・ドイツの税制を真似て取り入れたといわれています。

この1940年というのは太平洋戦争が始まる前年です。これ、どういうことでしょうか。

▶ 会社員の月収のイメージ　東京都在住／独身の場合　※2023年11月

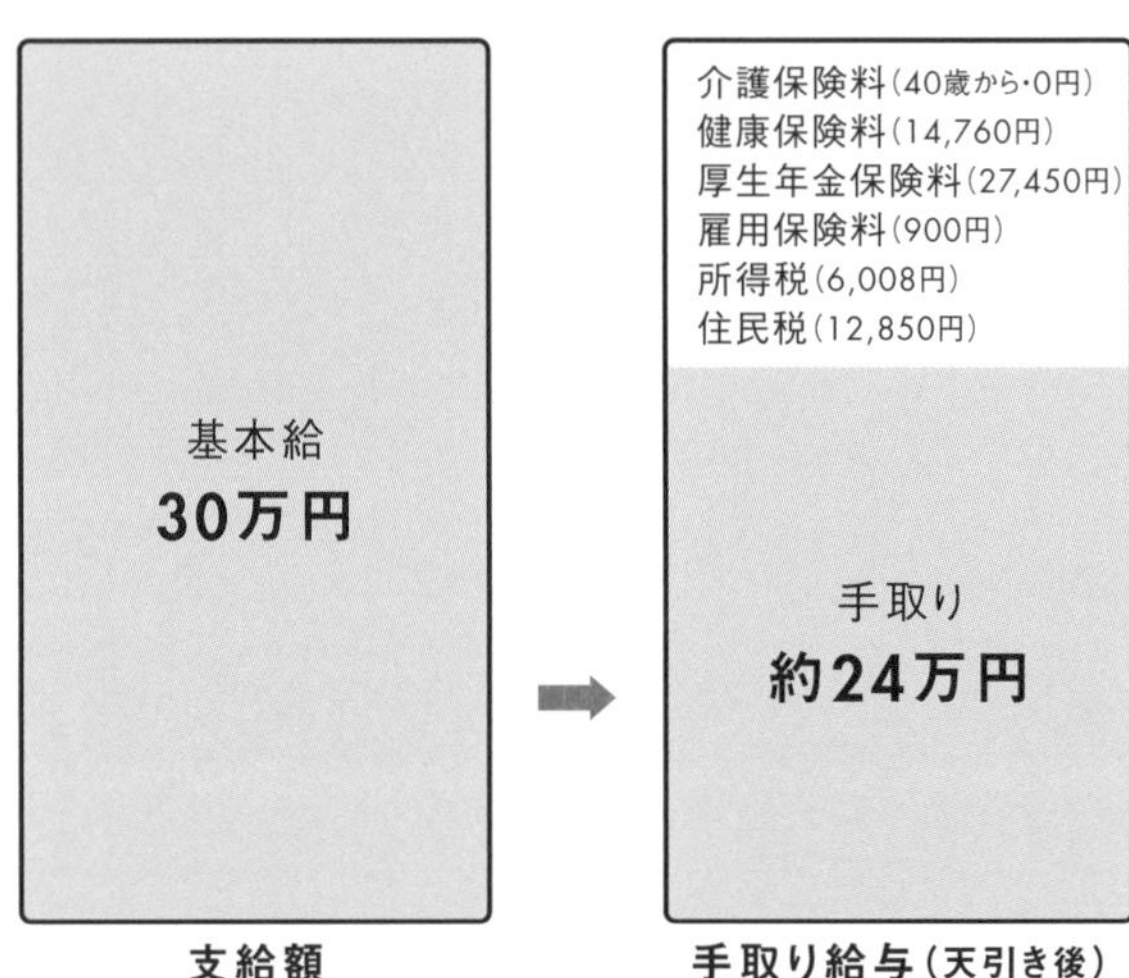

源泉徴収すれば、広く国民から税金を取れます。つまり、効率よく戦費を調達したかったから、といわれています。

そう、**源泉徴収の最大の目的は国が効率よく税を徴収する**ためです。

では従業員の税金の計算や納税は誰がやっているのか。

もちろん、会社の経理です。

この天引き制度は、国からしても税の取りっぱぐれを防げるし、細かい納税作業を会社にやってもらえるし、納税者は複雑な税金の計算をしなくて済むし、ある意味優秀な税制システムだといえるでしょう。

会社員の給与から天引きされているものは、源泉所得税だけではありません。「住民税」のほか、「厚生年金」「健康保険」「雇用保険」などの社会保険料、40歳以上なら「介護保険」などもあります。

厚生年金保険料は都道府県や年齢、地域で変わることはありませんが、健康保険料は加入している組合や年齢、それに地域によって変わります。また、決定された社会保険料は会社と本人で折半しています。これは会社員ならではのメリットといえます。

近年、少子高齢化などの社会状況の変化に伴い、社会保険料は年々値上がりしています。**支払い者にほとんど気づかれることなく、じわじわ増えていく税金や社会保険料。これは源泉徴収制度の怖いところ**かもしれません。

そしてもう一つ、大きな問題があります。

税金を天引きにして給与を振り込まれると、納税者の税金に対する意識が低くなりがちです。冒頭の男性のように、自分がいくら税金を払っているかわからない会社員が続出するのです。

「自分は何にいくら払っているのか」といったことはもちろん「自分が払っている税金が正しく使われているのか」といった問題意識も希薄になりがちです。

◎ 給与明細を3分眺めるだけで、お金感覚がつく!?

今、会社員の方で、これからフリーランスになりたいと考えている方は、ぜひ毎月もらう**給与明細を眺める「トレーニング」をしてください**。

多くの方は、さっと手取り額の欄だけ眺めて、「いつも通りの金額だな」「もっと給料が欲しいな〜」で終わらせてしまう方も多いのではないでしょうか。「毎月の給与額なんて分かってるよ」ということで、給与明細すら見ない人もいるかもしれません。

もちろん、毎月の手取り額も重要ですが、どのようなものが、何円天引きされているかを把握することも非常に重要です。それこそ、**お金の感覚を鈍らせないための第一歩になる**のです。

お金の感覚が鈍り、こういった「勝手に引かれているもの」に疎くなると、ほかのものにも影響が及んでいきます。

例えば、「サブスク」。

サブスクとは、「ある商品やサービスを一定期間、一定額で利用できる仕組み」のことですが、大抵の場合、**一度契約すると、半永久的に契約が更新され続けるという形になっている**かと思います。一度契約してしまうと、「勝手に天引き」状態となり、何にどれくらい使っているかが把握しづらくなります。

さらに、天引きとは少し違いますが、クレジットカードもお金を使っている実感がわきづらく、お金の感覚を鈍らせている人が使うと、収支のバランスが狂う危険なものになりえます。

もちろん、何に、どれくらい使って、引き落とし予定日にはどれくらい引き落とされるのか、計画的に把握できている方は問題ないかと思います。クレジットカード自体が悪いということでは決してありません。

しかし、どれくらい支払いがされているのか、分からないままどんどん使ってしまうことになると、引き落とし金額に対し、残高が足りない……！　という事態にもなりかねません。**お金を使っている感覚がないうちに「クレカ支払い地獄」に陥るとい**

うことも十分にあり得る話です。

そして、クレジットカードにはさまざまな返済方法がありますが、**そのなかでも最悪なのが「リボ払い」。これこそ、「悪魔の天引き」と言ってもよい**でしょう。

リボ払いとは、「リボルビング払い」の略称で、クレジットカードの支払い額が、毎月、あらかじめ決められた一定額引き落とされていくというものです。

毎月の支払い額が一定になるメリットがある一方で、何にどれくらい使ったかの意識がさらに希薄になり、リボ払いにリボ払いを重ねてしまい、結果的に大変な金額になってしまうというケースも枚挙にいとまがありません。

例えば、10万円の買い物をしました。普通であれば翌月くらいにこの10万円が引き落とされますが、リボ払いを選択すると、例えば毎月5000円の支払でよくなります。10万円がたった5000円！　これはいいじゃないとは思わないでください。**10万円のうち5000円しか払われないということは残りの9万5000円はクレジット会社に借金をしていることと同じになります。**この「借金」に高額な利息がかかるのです。さらにこのことを理解しないで繰り返し買い物をすると、**本来支払うべき代金から毎月5000円を引いた残りの金額が「借金」として雪だるま式に増えていきます。そうなると限りなく借金地獄になるのです。**

このリボ払いによる「借金」に対する利率は、おおむね実質年率15%~18%であることが多いのです。これは**消費者金融のカードローンで借り入れた場合とほぼ同率。**そう考えると、かなり高額な利率と言えそうです。

こうした天引き地獄、支払い地獄のワナを回避するには、日々のお金への意識を変えることが重要です。そして、何にどれくらい使われているかが気になるようになれば、お金を貯めるための大切な第一歩を踏み出しているも同然。**お金に苦労しにくいフリーランスになるための下地は着実に固まっている**といえるでしょう。

そのためにも、給与明細で社会保険料や税金がどれくらい天引きされているかを把握してみてください。

毎月3分眺める習慣を持つようにしていくだけでもお金感覚は磨かれていきます。

◎税金を払うなんて憎い!?

会社員が税金や健康保険や年金を天引きにされていることに対して、フリーランスはそれらをすべて自分で払う必要があります（自分で年収と税金を計算し、納税することを申告納税制度といいます）。

ここが会社員との大きな違いです。具体的には1年間の売上や経費などの計算をして、確定申告をします。社会保険の制度も変わるので、いろいろ手続きが必要です（52ページ〜コラム1参照）。

巷では、税金を払うことが親の敵より憎いと思っている人がたまにいます。特に脱サラしてフリーランスになったり、会社経営を始めたりした方は会社員時代は自動車税や固定資産税くらいしか自分で税金を支払う場面がなかったからなのでしょうか、「自ら税金を納める」ということに抵抗があるようです。

もちろん、私だって税金はなるべく払いたくないです。

天引きの魔力

『死と税金だけは逃れられない』

これはアメリカの政治家のベンジャミン・フランクリンの言葉です。

人間にとって死が避けられないのと同様、**国家という枠組みの中で生活している以上、税金も逃れられない**のです。

◎ そもそも税金とは？

税金とは一言で言えば「その国に住むための会費」だといえるでしょう。

例えば、スポーツジムやゴルフ会員権の会費と基本的には同じで、その施設を使うために、毎月なり毎年、会費をきちんと納める必要があります。

会費がなければ、その施設を維持することができないのと同じように、税金という収入がなければ国や自治体は国民に対して適切なサービスを提供することができなくなってしまいます。

しかし「同じ会費の意味合いのある」税金は、ジムの会費などと違って、どのような利点があるのかがなかなか見えづらいのです。

例えば**消防署員や警察官、公立学校の先生などの給料は税金が原資となりますし、道路や公共施設などの新設や整備、維持にも税金が使われています。**これらはみな、日常的に常にそこに存在するため、見えていても当たり前すぎて、かえってそれがすべて税金で賄われているとは思わなくなってしまっているだけなのだと思います。

しかもジムやゴルフ会員権は、支払った金額に応じて受けるサービスの質が変わることが多いです。

所得税は高額な所得を得る人ほど税率は高く、所得の低い人の税率は低く抑える累進課税になっていますが、**税金をたくさん払っていても、わずかしか払っていなくても、あるいは非課税世帯の人でも、受けられる公共サービスは基本的に同じ**です。

公立学校に子どもを通わせるのであれば、税金を高く払っている子どもだけ特別な授業が受けられたりすることはなく、みな同じ授業を受けます。

つまり対価性という意味では、税金は差がないということができます。

人によっては、余分に税金を払っているのに同じサービスしか受けられないのは不公平だと思うこともあるでしょう。自分が汗水垂らして得た儲けがほかの人の穴埋めに回されてしまっていると感じるかもしれません。しかし、**これが税金の機能の一つで、「富の再分配」というもの**です。

国税庁が令和3年に発表した「民間給与実態統計調査」によると、所得税納税者の上位4％が所得税の全収入額の50％を納税している、という事実もあります。

逆にいえば、多くの人が実は自分が納税した金額以上の公共サービスを受けている、ともいうことができるのです。

「だから税金はちゃんと払いましょう」などと税務署の回し者のようなことを言うつもりはありませんが、**日本の税制はかなりの部分で高額納税者に支えられているのは事実**です。

◎「儲けがあるところ」に課税あり

税金の話が難しく感じてしまうのは、税金の話の原典が「税法」という法律だからです。法律というのは理路整然と、とても論理的に書かれています。そして、日本にはおよそ50種類もの税金が存在します。一つひとつ理解することは難しいので、ここでは、一般的になじみのある税金について理解しやすいように分類してみました。

①
「儲け」にかかる税金
儲かった事実に対して、「儲けの一部を払ってください」という税金
所得税・住民税・事業税・法人税・相続税・贈与税など

②
「持っているもの」にかかる税金
土地や住宅、車など持っているものに対して、かかる税金
固定資産税・不動産取得税・都市計画税・自動車税など

③
「消費」や「利用」にかかる税金
消費することや利用することに対してかかってくる税金
消費税・たばこ税・酒税・関税・入湯税など

実際には、これら以外にもたくさんの種類の税金があります。

▶ 税金の種類

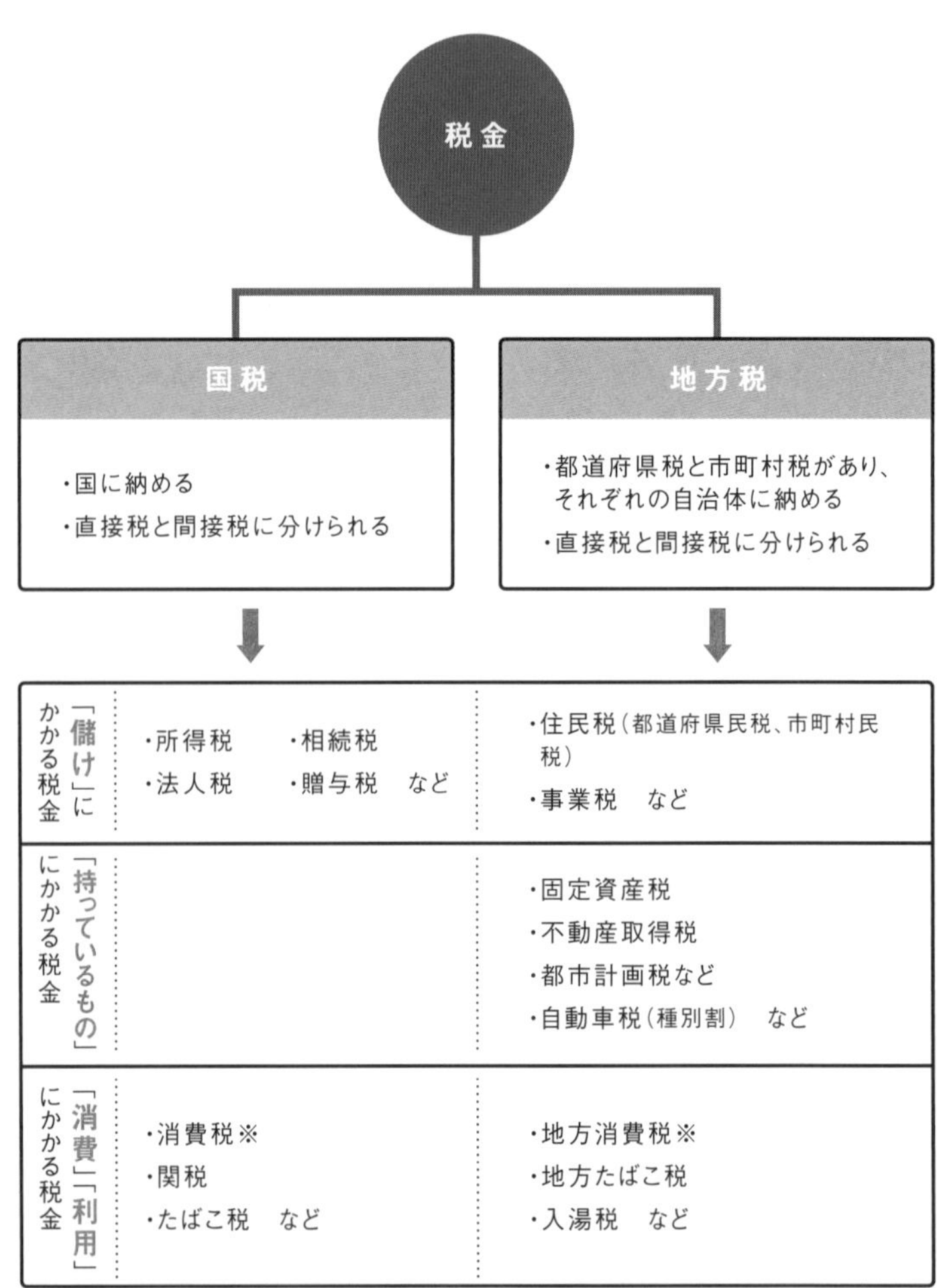

※消費税は、国税としての消費税と地方税としての地方消費税に分けられます。
税率はそれぞれ7.8%と2.2%で合わせて10%になります。

さて、このうち、最も重要なのが①の「儲け」にかかる税金です。所得税や住民税がその代表格ですが、**相続税や贈与税も相続で財産を引き継いだり、贈与でお金をもらうことは「ある日突然、儲かる」わけですから、その儲けの一部を税金として払ってくださいとなる**わけです。

相続税は日露戦争の戦費の捻出がその生い立ちですが、現実問題として、かつてはお年寄りの面倒は家族で見ていて、公的支援はありませんでした。昨今は介護保険をはじめとした公的支援があるので、亡くなった時にはその一部でも負担してください、という意味合いもあるそうです。

②の「持っているもの」にかかる税金は基本的には国税ではなく地方税となります。文字通り持っているからこそかかる税金で、「持っている」ことは何かしらの公共サービスを受けているからその利用料として払ってください、ということなのでしょう。

③の「消費」や「利用」に対してかかる税金は、お店などを利用するたびにかかる税金のことで、消費者は商品代に上乗せしてお店に支払い、お店は消費者から預かっ

た消費税額から仕入れにかかった消費税額を差し引いて納税します（詳しくは127〜131ページで解説します）。

さて、**この中でフリーランス全員に関わるものが所得税と住民税です。**消費税は、年間の課税売上高が続けて1000万円以下、もしくは開業してから2年以内であれば免税でしたが、インボイス制度によって課税対象になる場合が出てきました。

わかりにくいのが個人事業税です。**法律で定められた70業種に当てはまる人で、かつ事業所得が290万円を超える人のみが払う税金です。**これに当てはまらない業種、例えば、ライター、漫画家、画家、スポーツ選手、プログラマーなどには個人事業税はかかりません。

ただややこしいのが同じ「絵を描く仕事」であっても、デザイナーやイラストレーターとして届け出を行うと個人事業税の課税対象となり、画家や漫画家として届け出ると対象外となります。Web関係の仕事の場合はデザイン業だと課税対象になりますが、コーディング業は対象外となります。確定申告書には業種を記入する欄があり、基本はそこに本人が記入した内容をもとに決まります。

フリーランスの税金の支払いは後から

フリーランスのお金の管理で最も大事なことの一つに「税金の支払いは後から来る」ことがあります。会社員ならすでに述べたように税金は毎月の給与から源泉徴収されますが、フリーランスにはそれがありません。会社員からフリーランスになる人はその感覚をつかめないで苦労する人が多いようです。

◎ 初年度順調だったAさんの落とし穴

どういうことなのか、ＩＴ企業から独立したAさんの最初の年を例にとります。

Aさんはもともと社内ではエース的なエンジニアとして実力と人脈があったので、独立後すぐに仕事の依頼が舞い込み、外注も雇って仕事を回す順調なスタートを切りました。

そんなAさん、初年度の6月に住民税の請求が50万円近く来ました。

住民税は前年度の年収に対して翌年にかかってきます。年収800万円近くあったAさんにとって、この住民税の額は仕方がないものの、心の準備ができていなかったAさんは驚きました。しかし、退職金などの蓄えもあったため、無事払い終わりました。

その後、月々の売上金額は会社員時代の月収を大きく上回ることができ、Aさんは「やっぱり独立してよかった」と自信を深めました。

最初の年は経費、外注先への支払いがありますが、それ以外の税金などの支払いは特にありませんから、**会社員時代のように手元に残ったお金をすべて使えてしまう感覚にとらわれます**。

そこに何となく税金対策として聞いていた「経費を使ったほうが所得税は少なくなる」という考えにかられ、派手に飲食代などに使っていました。

問題は翌年3月の確定申告の後です。この確定申告で、初めて昨年はいくらの儲けがあっていくらの税金を納めなければならないのかがわかります。

日常の生活費は「経費」にはなりませんから、計算上の儲けとそれに伴い納めなければならなくなる所得税と、**思いのほか減っていた手元の預金残高を見て愕然となります。**

さらに愕然とすることは続きます。自動車を購入していたAさんは5月には自動車税があり、6月には住民税と国民健康保険料の納入通知書が届きました。

前年に稼げば稼ぐほど基本的に税金類の出費が多くなります。

◎ 税金を支払うまで自分のお金と思うな

会社員は税金類が天引きされたものが給料として振り込まれるので、極端な話、次の給料日までに全部使ってしまっても実質的には問題ありません。

それに対し、フリーランスは翌年に税金の支払いがありますから、**調子に乗って手元にあるお金を使い過ぎてしまうと、税金の支払いの段階になってから「資金が足りない！」ということになりかねません。**

▶ 税金スケジュール

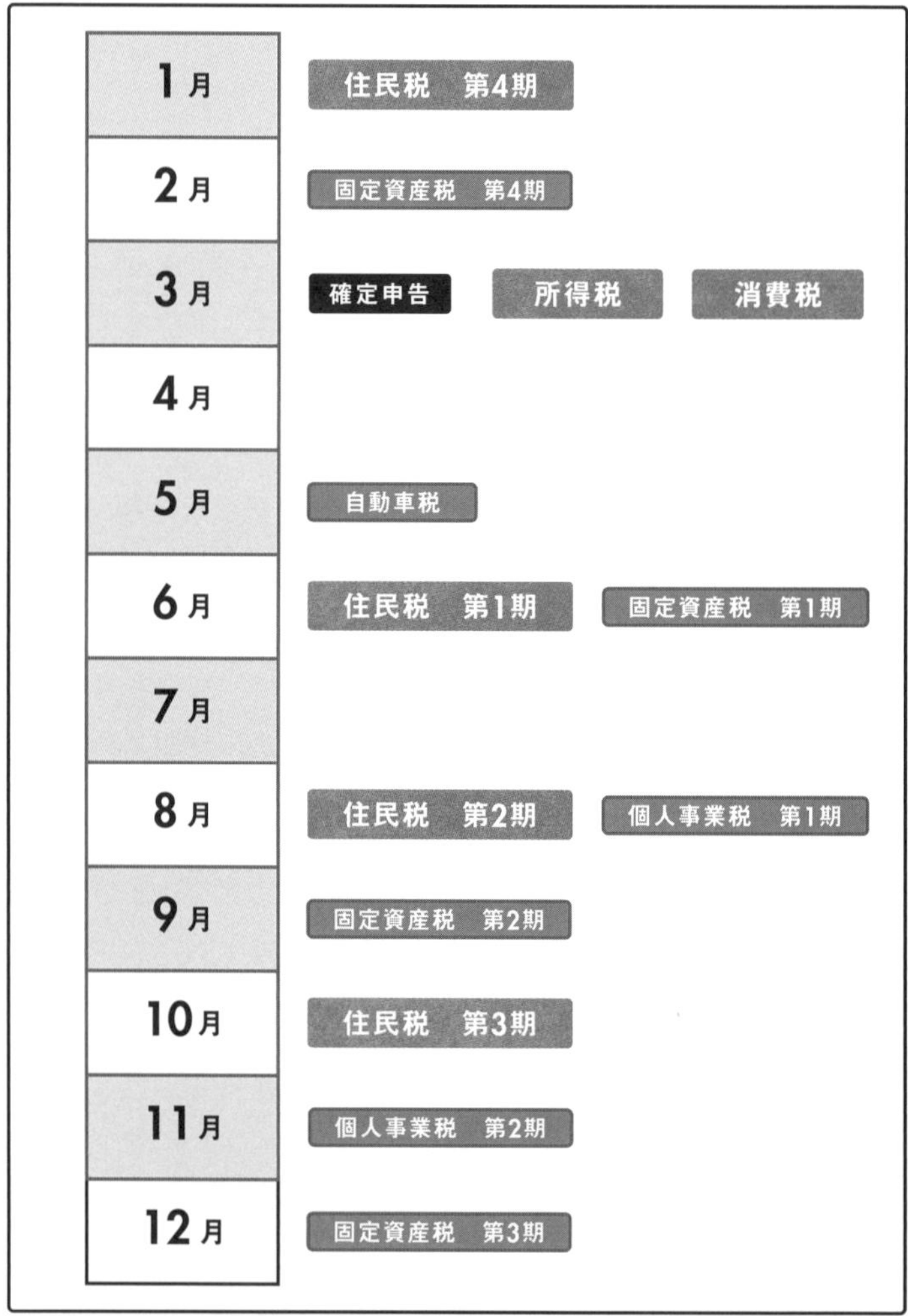

※分割納付の場合。固定資産税は、自治体によって時期が異なります。上記は東京23区の場合です。

具体的な納税スケジュールは右の通りです。
こう見ると、毎月のように何らかの税金の支払いがあることがわかります。

フリーランスは3月の確定申告で前年1年間の所得を計算し、その年の3月以降に各種税金を納める、という時間差が生まれるということをしっかり押さえておいてください。

つまり、銀行口座にいくら残高があったとしても、**税金の支払いが済むまでは実はまだ本当の意味で自分のものになっていない、という感覚を持つことがフリーランスには大事**です。

人によっては**支払専用の口座を作り、入金があったら一定の金額を支払専用の口座に入れている人もいます**。使わないようにするための自己防衛策ですね。

一人フリーランスだったらそこまでする必要はないと思いますが、売上が増えて入金や出金が増えてきたらそのぐらいの対策は必要でしょう。

◎会社員からの転身組は初年度の支払いに注意

Ａさんの例にもあったように、**会社を辞めてフリーランスになる場合は、初年度に、前年度の収入に対しての住民税や国民健康保険、国民年金の支払いがやってくることに注意が必要**です。

フリーランス1年目の場合、Ａさんのようにすぐにたくさんの新しい仕事が入る人は稀でしょうし、事業が思ったほど軌道に乗らないこともあるでしょう。

それでも、税金はやってきます。

独立起業の最初の試練といってもいいでしょう。

会社員時代のように、毎月の給料から引いてもらえるわけでもないので、突然やってくる支払い通知にびっくりしてしまう方も多いようです。

この時に手持ちのお金を用意しておかないと、慌ててしまいます。

「税金は後からやってくる」

フリーランスになったらこれを肝に銘じておきましょう。

あなたがもらうのは源泉徴収票？ 支払調書？

さて、会社員であれば、年末になると源泉徴収票を会社からもらうでしょう。これをじっくり見れば1年間に会社から支払われた金額や納税した金額がわかります。

所得税はその年の給料の総額を想定して月々の給料から徴収されています。最終的な金額は1年間に受け取る給料総額で所得税の確定額を算出し、年末調整という形で確定した所得税額と、概算払いした所得税額の金額を精算しますが、多くの場合は多少の額が戻ってくるようになっています。ちょっとした年末のお小遣い気分でこれを楽しみにしている会社員も多いのではないでしょうか。

実はこの源泉徴収票、本人に渡すだけでなく、市区町村にも提出されています。それに基づいてその人の住民税が計算されるのです。

そして住民税は前年の所得をもとに、12ヶ月で割ったものが給与から引かれているのです。だから、住民税は「1年遅れ」で課税されるのです。なんともややこしいですね。

◎フリーランスは「支払調書」が大事

フリーランスにとっての源泉徴収票にあたるものが「支払調書」です。

支払調書とは、その人に1年間に支払った内容と税金を報告した書類です。

28ページで、「会社員は税金や社会保険料を天引きされるのに対し、フリーランスはそれらをすべて自分で払う必要がある」と書きました。

しかし、フリーランスでも源泉徴収が無縁なわけではありません。職種によっては、報酬から税金を源泉徴収されて支払われることがあります。

逆にいうと、発注者側はその職種の人たちに対して報酬を支払う場合、所得税分を源泉徴収し、本人に代わって国に納税する義務があります。

主なものは、原稿料、講演料、弁護士、税理士、公認会計士、司法書士等への報酬などです。デザイン制作の場合は、デザイナーやエンジニアの仕事も源泉徴収の対象になります。ただしエンジニアの場合、コーディングやプログラミングのみの業務であれば、源泉徴収は必要とされていません（原稿執筆や講演などをやった場合は源泉徴収の対象となります）。

報酬の場合の源泉徴収税額は原則として「報酬・料金の金額×10・21％」です。

請求書の金額と実際の振り込み額に差額がある場合、この源泉所得税である場合がほとんどです（振り込み手数料が引かれていることもあります）。

会社員の場合、払いすぎた分は年末調整されますが、フリーランスはそれがありません。ではどうしたらいいのでしょうか？

確定申告です。

源泉徴収される職種のフリーランスの場合、確定申告によって払いすぎた税金が還付されることがあります。つまり、支払調書に書かれている源泉徴収額をきちんと

▶源泉徴収票と支払調書

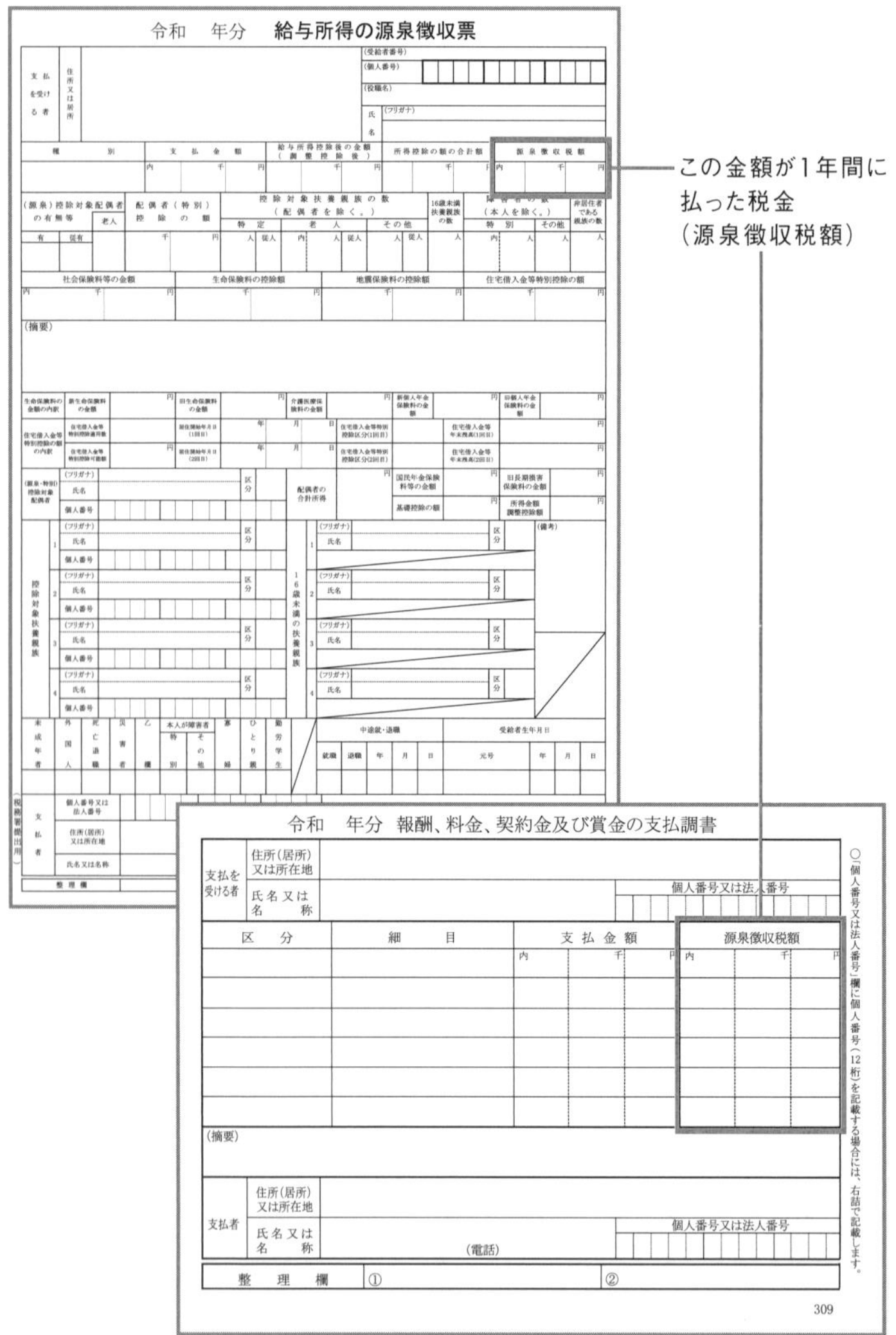

令和　年分　給与所得の源泉徴収票

支払を受ける者　住所又は居所
(受給者番号)
(個人番号)
(役職名)
氏名　(フリガナ)

種別　支払金額　給与所得控除後の金額(調整控除後)　所得控除の額の合計額　源泉徴収税額
内　千　円　千　円　千　円　内　千　円

(源泉)控除対象配偶者の有無等　有　従有　老人
配偶者(特別)控除の額　千　円
控除対象扶養親族の数(配偶者を除く。)　特定　人　従人　老人　内　人　従人　その他　人　従人
16歳未満扶養親族の数　人
障害者の数(本人を除く。)　特別　内　人　その他　人
非居住者である親族の数　人

社会保険料等の金額　内　千　円
生命保険料の控除額　千　円
地震保険料の控除額　千　円
住宅借入金等特別控除の額　千　円

(摘要)

生命保険料の金額の内訳　新生命保険料の金額　円　旧生命保険料の金額　円　介護医療保険料の金額　円　新個人年金保険料の金額　円　旧個人年金保険料の金額　円

住宅借入金等特別控除の額の内訳　住宅借入金等特別控除適用数　居住開始年月日(1回目)　年　月　日　住宅借入金等特別控除区分(1回目)　住宅借入金等年末残高(1回目)　円
住宅借入金等特別控除可能額　円　居住開始年月日(2回目)　年　月　日　住宅借入金等特別控除区分(2回目)　住宅借入金等年末残高(2回目)　円

(源泉・特別)控除対象配偶者　(フリガナ)　氏名　区分　個人番号
配偶者の合計所得　国民年金保険料等の金額　円　旧長期損害保険料の金額　円
基礎控除の額　円　所得金額調整控除額　円

控除対象扶養親族　1　(フリガナ)　氏名　区分　個人番号
2　(フリガナ)　氏名　区分　個人番号
3　(フリガナ)　氏名　区分　個人番号
4　(フリガナ)　氏名　区分　個人番号

16歳未満の扶養親族　1　(フリガナ)　氏名　区分
2　(フリガナ)　氏名　区分
3　(フリガナ)　氏名　区分
4　(フリガナ)　氏名　区分
(備考)

未成年者　外国人　死亡退職　災害者　乙欄　本人が障害者　特別　その他　寡婦　ひとり親　勤労学生
中途就・退職　就職　退職　年　月　日
受給者生年月日　元号　年　月　日

(税務署提出用)
支払者　個人番号又は法人番号　住所(居所)又は所在地　氏名又は名称
整理欄

令和　年分　報酬、料金、契約金及び賞金の支払調書

支払を受ける者　住所(居所)又は所在地
氏名又は名称　個人番号又は法人番号

区分　細目　支払金額　源泉徴収税額
内　千　円　内　千　円

(摘要)

支払者　住所(居所)又は所在地
氏名又は名称　(電話)　個人番号又は法人番号

整理欄　①　②

309

○「個人番号又は法人番号」欄に個人番号(12桁)を記載する場合には、右詰で記載します。

チェックして確定申告をきちんと行わないと、損になってしまいます。とはいえ、支払調書を発行してくれないこともありますので、発行してもらうようにお願いしてみましょう。

そもそも支払調書は、支払い者が税務署に提出することを目的とした書類です。これによって税務署はフリーランスがどれだけ収入を得ているのか把握しているのです。無申告でいるとバレるのはこういうことです。

◎ 給与と報酬の違いは？

源泉徴収票と支払調書についてもっと深く見ていくと、いろいろな「働き方」が見えてきます。

先ほど、源泉徴収票は会社員が、支払調書はフリーランスがもらう、と書きましたが、ではパートやアルバイトはどちらでしょうか？　業務委託で働いている場合は？

以前、次のような相談がありました。

確定申告の時期に若い大工さんが来て、「雇い主から源泉徴収票をもらったんだけど、これってどうしたらいいの?」って聞かれたんです。よく聞くと、その方がもらっているのは「給与」ではなく「報酬」だったんですね。ですから「雇い主には源泉徴収票でなく、支払調書をもらい直してください」とお伝えしました。

本人はともかく、発注元も源泉徴収票と支払調書の違いをよくわかっていないケースはよくあります。

両者の違いとは何なのでしょうか? 簡単にまとめてみます。

基本的に、**「社長や会社の上司の指揮命令下で仕事をする」ことへの対価が「給与(基本給となる給料+賞与)」になります**。決められた給与をもらって決められた時間に決められた仕事をするイメージで「労働の対価」です。正社員に限らずパート、アルバイト、契約社員などへの支払いがこれに当たり、この方たちは年末に源泉徴収票をもらうことになります。

一方で、**一つの仕事をユニットで任せ、その人の責任において仕事をした対価として支払われるのが「報酬」となります。**こちらは成果物を出せれば時間的拘束はないのが基本です。基本的には「業務委託契約書」を締結して、その人自身が請求書を出します。

原稿を書く、デザインをする、など「やってもらった仕事に対して支払う」仕事は「報酬」としてわかりやすいのですが、前にお話しした大工さんのケースのように「指揮命令下で仕事をする」のか「その人の責任において仕事をする」のかがわかりにくい仕事もあります。

業務委託でもほとんど社員と同じような働き方を求められることもありますし、結構グレーなケースが多いのも事実。

今は働き方が多様化していますし、会社員をやりながらアルバイトをしていたり、フリーランスで他の仕事をやっていたり、事業を立ち上げている人もいます。

つまり、給料と報酬どちらももらっている人も多いでしょう。

フリーランス1本でやっている人でも、さまざまな会社から発注を受けて仕事をすることがあると思いますが、**一つひとつ業務の内容を確認して、場合によっては契約書をきちんと締結してから仕事をスタートしたほうがいいでしょう。**

契約書をいちいち結ぶのが難しくても、口約束だけでなくメール等で契約内容を残しておくことが大事です。

◎ 雇う側になったら……

フリーランスや個人事業主になったら「雇われる」だけでなく、「人を雇う」立場になることもあるでしょう。

人を雇う場合、前で説明したように、支払いの内容が「給与」なのか「報酬」なのかをきちんと区別し、人件費の処理に気をつけないといけません。

「給与」であれば毎月の給与で所得税や住民税を源泉徴収しなければなりませんし、年末調整も必要です。

「雇用契約」がある以上、仕事ができないからといってすぐに解雇することはできませんので、人を雇うということはなかなか大変です。

業務委託で「報酬」を支払う場合であっても、仕事の内容によってはきちんと源泉徴収して支払い、支払調書の発行が必要になります。

いずれにせよ、人に単発でない仕事をお願いする場合には簡単でもいいので契約書を作って双方の合意のもとに仕事をお願いするほうがいいでしょう。

ワニ先生のお金コラム 1

フリーランスになったら健康保険・国民年金の加入も忘れずに！

会社に勤めているかどうかにかかわらず、必要不可欠なものの一つが健康保険。基本的に、会社員時代に加入していた社会保険は、退職すると原則として保険証を返却して脱退することになります。

転職などでほかの社会保険にすぐ加入するのでなければ、退職した翌日から14日以内に国民健康保険に加入しなければなりません。選択肢は４つ。

- **国民健康保険に入る**
- **勤めていた会社の健康保険を任意継続する（2年間）**
- **家族の健康保険組合に扶養に入る**
- **各業界で運営している国民健康保険組合に入る**

一般的に、会社を辞めてフリーランスとして働く場合には、国民健康保険に加入するケースが多くなります。もしも以前の健康保険を脱退したままであれば、医者にかかった場合の治療費は全額負担となります。万が一のことを考え、退職後はなるべく早く国民健康保険に加入するのがいいでしょう。

＊手続き・相談――居住地の市区町村役場
＊用意するもの――健康保険資格喪失証明書（扶養家族も加入する場合）、離職票または退職証明書など（本人のみ加入の場合）、本人確認書類（マイナンバーカードや運転免許証など）

国民健康保険以外の選択肢としては、一定の条件を満たせばそれまでの社会保険を「任意継続」することもできます。退職の翌日から20日以内に申請をする必要があります。会社員の保険料は会社が半額を負担していますが、退職後に任意継続する場合は、会社負担分も自己負担となるので、支払い額は2倍になります。ただ、扶養家族がいる場合には、国民健康保険よりも保険料が安くなるケースがあります。

＊手続き・相談――会社が所属する健康保険組合または健康保険協会

失業手当の給付なども含めて年収が130万円未満（60歳以上は180万円未満）であれば、家族の健康保険組合に扶養として入ることもできます。この年収は、それまでの年収でなく、これからの「見込み」なので、前年度の収入が高くても大丈夫です。扶養の条件は、健康保険組合によって違いますので、確認が必要です。扶養に入る場合の手続きは、退職の翌日から5日以内です。

＊手続き・相談――家族が所属する健康保険組合または健康保険協会

それ以外にも、各業界で国民健康保険組合がある場合もあります。業界団体への加入が必要だったり、条件は団体によりさまざま。自分が開業しようとする業界に該当する団体があるか、事前に確認しておきましょう。

◎ 国民年金に加入する

健康保険と同様に、会社を辞めると同時に、会社が入っていた厚生年金は脱退し、国民年金に加入することになります。加入手続きは原則として、健康保険と同様に退職した翌日から14日以内。会社員の配偶者が扶養家族になっている場合は、厚生年金では「第3号被保険者」の扱いとなり、保険料を支払う必要はありませんが、国民年金ではこのような制度はないので、配偶者の保険料も支払う必要があります。ただし、フリーランスの場合、年金保険料は経費として認められるので、確定申告の際の還付の対象となります。

国民年金は厚生年金に比べて支給される年金額が低くなってしまいます。その差額を埋めるには、国民年金に加え、国民年金基金や付加年金、iDeCo、小規模企業共済などを利用することがおすすめです（2章参照）。

＊手続き・相談――都道府県の市町村役場の国民年金窓口
＊用意するもの――離職票または退職証明書など、年金手帳、印鑑、本人確認書類

１章のまとめ

- 税金の基本は「儲けのあるところに課税あり」。儲けたら税金からは逃れられない。
- フリーランスが支払う税金は所得税・住民税、職種や収入によって個人事業税と消費税が加わる。
- 会社員は毎月の給料から税金が天引きされるが、フリーランスの税金は後から来る。
- 報酬から税金が源泉徴収される場合は、支払調書をチェック。確定申告で還付される場合も。

2章

成功するフリーランスの経費の使い方と節税法

フリーランスは経費が自由に使えるって本当？

フリーランスになるメリットとして「経費が自由に使える」と思っている人は多いのではないでしょうか？

確かに、勤務する会社では経費の上限が定められていることが多いのに対し、フリーランスは自分で決済できるので、自由に使える度合いは高くなっているといってもいいでしょう。

また、**フリーランスにとって経費と税金は深く関係してきます**。というのも、税金は個人が一年間で儲けた所得にかかってきますが、所得は単純化すると次のように表すことができるからです。

所得＝収入（売上）－経費

つまり、**差し引く経費が多ければ多いほど課税対象となる所得は少なくなり、その結果、所得税と住民税、個人事業税の納税金額も少なくすることができます。**

しかし、実際には上手に経費を使って節税している人と、経費の使い方も管理もぐちゃぐちゃの人の二極化になっているような気がします。

そこでこの章では成功するフリーランスになるために知っておきたい経費の使い方と節税法についてお話ししていきます。

◎ 売上より経費の金額が大きい!?

ある年に確定申告だけ依頼された案件が

ありました。

依頼してきた男性は、副業で古い自動車の修理をしていて、たまに知人から仕事を依頼されることもあり、その分の確定申告が必要だ、ということでした。

そして小ぶりの段ボール箱一つ分の領収証を送ってきたのです。

中に入っている領収書を確認すると、吉野家で一人で食べた牛丼やスーパーで買った夕飯の総菜などの領収書ばかり。これらはごっそり省くとして、確かに何枚かの自動車の修理に必要な部品の領収書などもありました。

さて、この領収書はどの自動車の修理に必要だったのかと探ったところ、売上の請求書控えや領収書控えもありません。預金通帳を見てもそれらしき入金は見あたりません。やっと見つけたのは5万円の修理収入。

こんなに領収書があっても売上が5万円なら、そもそも儲けはないし、どう考えても5万円の収入を得るために何十万円もの経費をかけるわけがありません。

申し訳ないけれどこの方の申告はお断りし、段ボール箱はそのままお返ししました。

◎ 経費の定義とは？

この方の例はやや極端ですが、すべての領収書が自分一人の判断で経費にできるというわけではありません。実際、確定申告の書類作成時期になると毎年こんなことをよく聞かれます。

「いくらまで経費を使っていいですか？」
「この領収書、経費として認められますか？」

税理士は税務の専門家だから聞けば即座に答えてくれると思っているのかもしれません。でも、**何が経費になるかというのは、税理士にしても簡単に答えることはできないのです。**その内容と目的によって決まるのです。

私はクライアントから確定申告の相談を受ける時に、「経費とは何だと思いますか？」と必ず尋ねることにしています。ほとんどの人はこの質問に正確に答えることができません。
でも、これからフリーランスになったり、起業して事業を営んでいこうという人にとって、この定義を知っておくことは大切かつ必要不可欠なことです。

経費とは「売上を獲得するための支出」を指します。

大事なのはこの支出は、単なる「消費」ではなく、「売上を獲得するために貢献する」ものでないといけないのです。

逆にいえば、**「売上獲得に貢献しない支出（など）は経費ではない」ということになる**のです。

つまり、**何が経費になるのかは税理士でなく、基本的にはこの判断基準であなた自身が決めること**です。あなたがその支出が売上に貢献すると判断できれば経費にすればいいのです。

ただし、「節税になるから」という理由で経費を使うという考え方はしないでください。この考え方は間違いです（73ページから理由を詳しく説明します）。

そしてその領収書が経費になるかどうかも、「それがあなたの事業の売上に貢献しているなら経費」ということになり、これもあなた自身しかわからないことです。

例えば仕事の取引先を食事に招待したとします。この食事代は「売上に貢献する支出だから」もちろん経費になるでしょう。

それは、「得意先にいいお食事を提供して、いい気持ちになってもらい、今後の売上に貢献する」のですから。ところがもし、これが仕事に関係のない友達を誘っての食事だったとしたらどうでしょうか？　もちろん、これは経費にすることはできません。売上には貢献していないのですから、それは当たり前の話です。

◎「按分」という経費の計上法

でも、この友達が業界のことを知っていたり、人脈のある人物だったりしたらどうなるのでしょうか？　あるいは業界違いでも経営者としての実績があったり、専門知識を持っていたりするとしたら？　そのような仕事の売上に役立ちそうな話もして、食事代を払ったとしたら……。それが「売上獲得に貢献する」と判断できるのであれば、それは経費です。

そしてもう一例、夫婦で飲食業を営んでいるケースを考えてみます。

夫がシェフで妻が経理を担当しているご夫婦です。仕事の後に2人で食事に行った場合、この食事代は経費にできるのでしょうか？

公私にわたるパートナーだから、会話の内容には子どもの将来のこととか、ご近所とのお付き合いの話、日常生活のいろいろな話題が上がってくるでしょう。

でも、一緒に仕事をしているのだから当然、仕事の話題も全体の何割かは占めるに違いありません。だとすれば理論上、2人の食事代のうち何割かを経費とすることができるはず。

これを会計用語で支出した金額を「按分」するといいます。

実務的に考えて、食事代が1万円だったとすれば、このうち5000円を経費として処理し、残りの5000円は社長への貸付金として処理をします（帳簿上は「事業主貸」となります）。

◎ 人間ドックは経費になる？

よく「人間ドックの費用は経費になりますか？」という質問を受けますが、確かに事業主や社長の健康維持のための検査は、広い意味では売上の獲得に貢献するかもしれませんが、これは必ずしも「利益獲得に結びつくもの」とみなされません。

あくまで自分の健康管理のための行為とされるため、残念ながら経費にはできません。

しかし、もし**再検査が必要になって、治療が必要な病気が見つかった場合は最初に受けた人間ドックの費用もすべて「医療費控除」の対象になります**。

また、会社の代表者や幹部を含めてすべての従業員に同じメニューの人間ドックを行うのであれば、それは「福利厚生費」となり経費になります。ただし、社長だけ2日間のスペシャルな人間ドックをやったとしても、それはプライベートな利用になるので経費になりません。

◎ ひとりランチや保育料は？

経費にはそもそも売上に貢献するとしても「社会通念上」認められないものもあります。例えば、お昼に食べた牛丼だって、スーパーで買った食材だって、食べないと仕事にならないから売上に貢献している、と言い張ることもできそうですが、これは「社会通念上」経費と認められないのです。**普通に考えてそれは経費でなく「生活費」ですよね、ということです。**

仕事をするために子どもを保育園に預けた場合の保育料はどうでしょうか。**現在の税法の中では保育料は「家事費」と判断されるため、経費に入れることはできません。**

また、税務調査が入った時にあらぬ疑いをかけられないように飲食代やゴルフ代の領収書には誰が参加したのかを記入しておくことをおすすめします。それだけで、この会社はきちんと処理しているのだなと思われて調査官の心証は良くなります。

現場の調査官は結局のところ「本部の上司」に判断を仰ぐのですが、調査官が「はい、領収書にはメンバーのメモ書きがあります」と報告するだけで、納税者が「立証責任」を果たしたことになるので、頭から「この領収書は経費ではない」と否認することはできなくなるのです。

仕事は捗ったけれど……

◎それは単なる消費か？　経費か？

とはいえ、私はそもそも経費対策を「税務署対策」と考えるところに矛盾を感じてしまうのです。**我々は自分の会社のために活動しているのであって、税務署のために活動しているわけではありません。**

成功しているフリーランスの方を見ると、飲みにいくにしても、「単なるストレス解消でなく、ちゃんと仕事につながるようなところに行こう」とか「人脈を広げられるような人と食事をしよう」といった心構えを持っているように思います。

お金を使う時は、「これは果たして経費にできるだろうか、それとも単なる消費だろうか」といった意識を常に持つ、ということです。

もちろん、努力はしたものの残念ながら利益獲得に結び付かなかったというケースもあるでしょう。こういうケースだって「売上獲得に貢献する予定で支出した」のだから、経費にしてもいいと思います。

プレゼン資料を作成するためにかかった費用、新規の取引先開拓のために遠方に行った際の交通費や宿泊代など、結果として受注に結び付かなくても、利益を獲得する目的での出費は経費としてかまいません。

◎金額の大きい経費の処理法

もう少し経費の話を続けます。

パソコンなど、10万円以上の支出は「一時の経費」でなく、「固定資産」として「減価償却の方法で経費化」をしなければいけません。

減価償却の対象となるものは一定額以上の建物や設備類、車両、工具、家具、電化製品、事務機器などで、耐用年数で割って各年の経費として計上します。

そもそも、なぜ「減価償却の方法で経費化」しなければならないのでしょうか?

固定資産も、他の経費と同じように「売上に貢献する」ものです。

ただ、固定資産は数年間にわたって利用して売上獲得に貢献するわけですから、他の、例えば交通費などのように、代金を支払った時に一度に費用にするのは不合理といえます。

例えば新車の営業車を買ったとします。価格は200万円。

この車を営業に使って売上獲得に貢献するのは1年だけでしょうか？　そんなことはありません。数年から10年は貢献することになります。

だったら、200万円の営業車を10年間にわたって使用することによって売上を獲得できたことになります。

つまり**会計上は、200万円すべてを購入した年の経費にするのではなく、10年間にわたって「売上獲得に貢献する」から、その期間にわたって経費として処理する**のです。

ただし、同じ営業車でも、4年でダメになることもあれば10年もつことだってあります。

国税庁からすれば、それぞれが勝手に処理してもらっては困るのです。税務の基本コンセプトは「公平性」なので、一律にその計算方法を決めたのです。

耐用年数についても国が「法定耐用年数」というものを定めて、同じ条件で減価償却費の計算をすることを義務付けたのです。

つまり、新車の営業車は6年と決められており、6年間にわたって売上獲得に貢献すると想定してその期間にわたって「減価償却費」として経費にしてよいと規定しているわけです。

車両の場合、用途や排気量などにより耐用年数は異なりますが、一般の社用車とした場合、国産の普通車もメルセデスやフェラーリも耐用年数は同じ扱いとなります。

しかし、個人事業と会社とでは車の減価償却費の計上については扱いが違うため、注意が必要です。**個人事業の場合、その車両は直接事業用として使っているかどうかが厳しく問われます**。プライベートでしか使っていないなら、当然経費にはできません。会社の場合は所有者が会社なので、それほど厳しく問われることはないようです。

このように減価償却は「法定耐用年数にわたって、償却」していきます。ちなみに

▶ 定額法と定率法

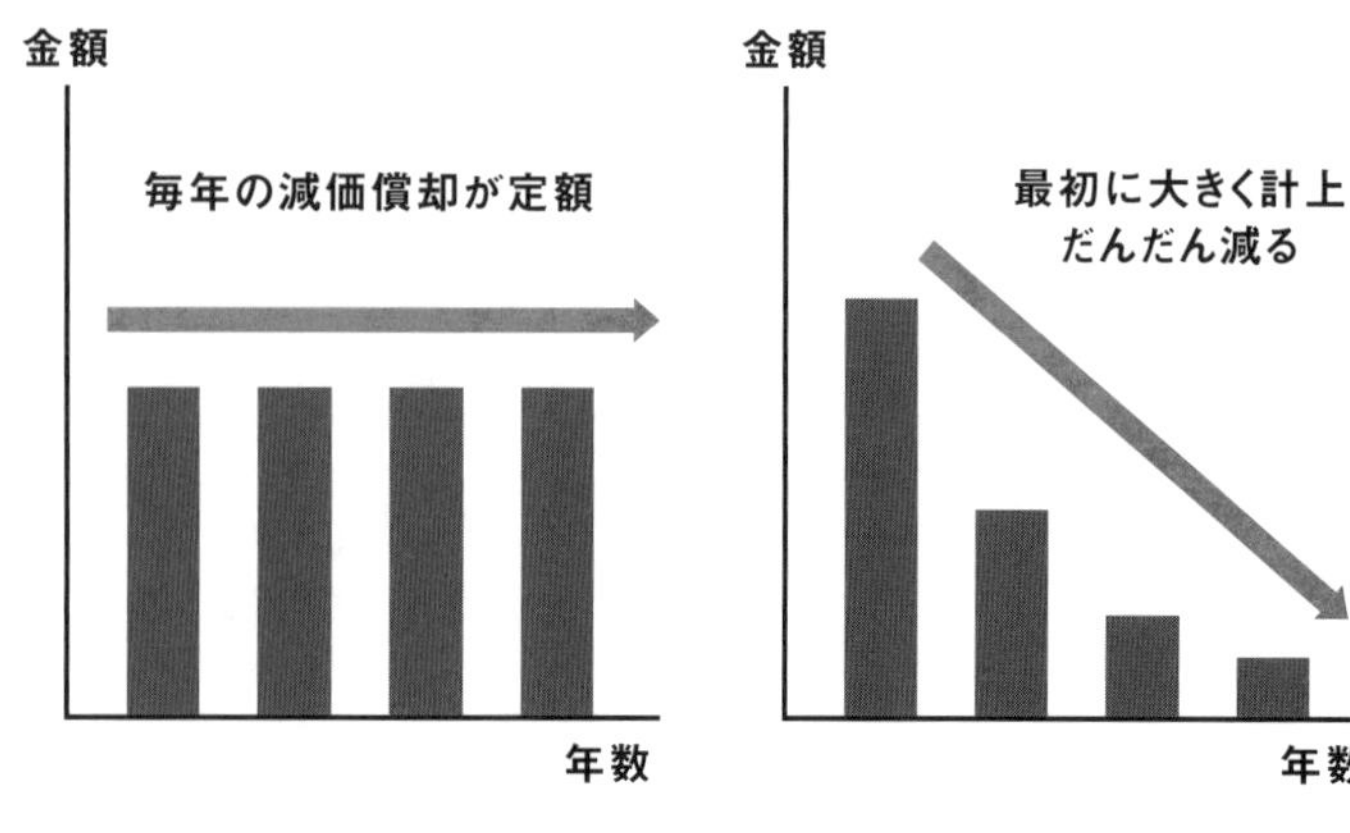

定額法　　定率法

業務用の「牛」や「豚」などの動物の耐用年数も決められています。

計算方法は個人は原則として「定額法」（毎年同じ割合ずつ減価償却していく方法）、法人は「定率法」（初期に多くの減価償却を計上する方法）によって計算します。

「定額法」は計算がシンプルで、初期の減価償却費が少ないため利益が多く残りますが、節税効果は少ないです。

一方、「定率法」は計算は複雑ですが、初期の節税効果は高く、年々節税効果は薄れていきます。

無駄な経費を使って節税する人は成功しない

世のフリーランスや経営者仲間でよく語られているのが「赤字にして税金なんか払わないほうがいいよ」という話。確かに赤字なら所得税や法人税を払うことはなく、地方税も最低限度額の支払いで済みます。

ですが、税金さえ減らせれば本当にいいのでしょうか。

◎節税の中身をきちんと知ろう

そもそも税金を払いたくなくて意図的に売上を削ったり、経費を水増ししたりして赤字にするのは「脱税」という違法行為にあたります。

そうでなくて**本当に赤字ということは、要するに「お金がたりない」ことを意味し**

ます。この仕組みをよく理解していないと永遠に手元（会社）にお金が残らなくなります。

ます。

32ページでも書いた通り、**ビジネスの基本は「儲けがあるところに課税あり」です。**所得税や法人税がかかるということはそれだけの儲けがあるからです。儲けがあるからこそ所得税や法人税が算出されるのです。

仕組みとして、所得税や法人税をきちんと払ったほうがお金は必ず残るんです。

簡単な例を示しましょう。

フリーランスの人で今、簿記会計で算出した利益が１００万円あるとします。仮に算出された所得税をわかりやすく10％とします。この10万円の所得税を「節税」したいとします。それには経費を使えば利益は減ります。仮に90万円としましょう。すると儲けは１００万円から10万円に減ります。所得税もその10％ですから1万円になります。10万円の所得税が1万円に減りました。よかった、よかった……となるのでしょうか？

◎目先の節税より利益の確保

確かに税金は9万円も節税になりました。

では、手元に残ったお金はどうでしょう？　もともと節税をしなかった時は100万円引く10万円の所得税で90万円の儲けが残りました。現実的に必ずしもこの儲けを構成するのはお金だけでなくその他の資産もありますが、時間がたつと必ずこの利益に相当するお金は残ります。

しかし、節税をしたことで90万円は経費として確実にお金が減っています。納税は1万円で済みましたが、手元には9万円しか残りません。

果たして、これでいいのでしょうか？

納付する税金を減らすことよりも手元に残すべきお金を多くすることのほうが大事なのではないでしょうか？

バンバン経費を使って法人税は節税できたが、気づけば資金繰りが苦しくなってしまった上に後から税務調査が入り、経費が否認されて追徴課税も取られてしまった、という笑えない話も実際あります。

はっきり言います。

節税対策のためにあまり意味のない経費を使っていくと、手元のお金は確実に減っていきます。

もっとも、一旦手にしたお金が税金で目減りしてしまうのは確かに寂しい気持ちにはなります。ですから他でお金を使って税金を減らしたい、という気持ちになるのもわかります。しかし、ビジネスをするうえでは物事の本質を押さえ、短期的でなく、長い目で見なければならないのです。

もし将来的に融資を受けたい場面が来ても、決算や確定申告の数字が思わしくないと、どこの金融機関もお金を貸したがらなくなります。赤字経営の人にお金を貸したがらないのは当然です。目先の節税よりも、毎年しっかりと利益を確保していくことのほうが、事業を成長させるためには欠かせないことなのです。

書店にはさまざまな「節税本」がありますが、この手の本で困るのは「節税さえできれば目標達成」と考えているものが多いことです。目的をよく考えないまま節税だけに躍起になると本質が歪むのです。

節税だけを考えた結果、かえって事態が悪くなってしまったり、損をしたりするケースはいろいろあります。

◎ 生命保険での節税は本当にお得？

法人にすると保険のセールスマンが「生命保険で社長の退職金づくりをしましょう。節税もできるのでお得ですよ」と売り込む光景を見かけます。

確かに、単に貯蓄していくより、保険に入って積み立てていくほうが保険の保障もあるし、退職金の資金も貯めやすいでしょう。さらに一部でも保険料を経費にできることで法人税の節税になります。

しかし、退職金づくりを前提とした保険は年間数十万円から数百万円程度支払わなければならない高額なものが多いのが事実。

業績がいい時はある程度の法人税の節税もできるし、ある意味では強制的に貯蓄ができるいい方法だとは思いますが、業績が悪くなると高額な保険料が払えなくなって、予定保険金を引き下げたり、保険そのものを早期に解約したりすることにもなります。**生命保険というのは早期に解約するとそれまで支払った保険料よりも少ない金額しか戻ってきません。**

さらに、解約返戻金が一番高い時に退職を予定していたのに何らかの事情で退職できなくなり保険の解約の時期がずれてしまうと、今まで支払った額より目減りした保険金額しか受け取れないことになります。

目の前の「節税」の言葉に惑わされず、しっかりと予定を立てて運用していかないと結果的に損をしてしまうこともあるので注意が必要です。

「節税」といっても納税が消えてなくなり、さらにお金は残るという方法はありません。儲けがあればどこかで必ず課税されるんです。

東大を出たようなエリートのお役人たちが抜け穴がないか毎日考えて作り上げた税法なんです。甘くみてはいけません。

フリーランスは将来の備え＋節税が大正解

ここからは私がおすすめする節税法をご紹介していきます。ポイントは節税のメリットもありながら、資産形成になるものを選ぶことです。

そもそもフリーランスには会社員のように「定年退職」がない代わりに退職金なんてありませんし、公的年金制度も会社員のように手厚くありません。

とはいえ、公的年金に頼らなくてもフリーランスが老後資金を貯めることができる制度もあります。堅実かつ優秀なフリーランスはそのような制度をうまく使って将来の備えをコツコツしています。フリーランスに収入の波はつきものですが、いつもより稼げた時に調子に乗って無駄遣いしたり、節税のために無意味な経費を使ったりせず、「将来」のためになるものを経費としてきちんと使っているのです。

◎フリーランスも退職金を受け取れる小規模企業共済

まず退職金がないフリーランスが将来の備えをするために便利な制度が「小規模企業共済」です。これは中小企業基盤整備機構が運営する積立制度です。**メリットとしては掛け金を全額所得控除できるので、節税効果がある**ことです。

月々の掛け金は1000円から7万円まで、500円刻みで設定でき、加入後も増額したり減額したりできます。

個人事業主が退職した時や、事業廃業時はもちろん、実際に仕事を辞めなくても65歳以上で掛け金を15年以上納付しているなどの基準を満たしていれば、一括もしくは分割で共済金を受け取ることができます。

一括で受け取りを選択した場合は会社員の退職金と同じ「退職所得」扱いとなり、分割での受け取りを選んだ場合は年金などと同じ「雑所得」扱いとなるなど、節税効果もあります。

さらに、納付した掛け金の残高に応じて、年利1・5%の貸付制度もあるので、事業資金が必要になった場合の強い味方になってくれたりもします。

先に書いたように、**事業を継続しつつ65歳で共済金を受け取るためには15年以上の掛け金納付が必要となるため、なるべく早く加入しておくのがいい**でしょう。

◎ 老後資金にもなる2つの投資

フリーランスの老後資金づくりには投資も考えたほうがいいでしょう。

すでにご存じかと思いますが、「iDeCo」と「NISA」（日本版個人貯蓄口座）の2つがあります。時々、「iDeCo」「NISA」という名前の投資商品がある、と勘違いしている方がいますが、**これはあくまで「口座」であり、具体的な投資商品は自分で決める必要がある**という点は理解しておいてください。

この2つは、両者とも税制上のメリットがあります。**通常の投資では株式・投資信託の配当金（分配金）や値上がり益に対しては、約20%の税金がかかりますが、iD**

eCoやNISA口座で運用した利益には税金がかかりません。

まさに、これこそ積極的にやりたい節税です。

経費を増やして税金を減らすことを「節税」だと考えている人が、こういった「iDeCo」と「NISA」を利用していないことが多いのは不思議です。

◎税制優遇が大きい「iDeCo」

まず「iDeCo」とは「個人型確定拠出年金」のこと。国民年金や厚生年金を補完するものであり、年金の被保険者であれば誰でも加入できます。

原則として毎月の掛け金を5000円以上、1000円単位で設定して積み立てていき（ボーナス月など月ごとに金額を指定することも可）、自分が選んだ金融商品で運用していくことができ、60〜75歳の間に分割して「年金」の形で受け取るか、「一時金」として一括で受け取ることができます。

運用する金融商品は、投資信託や信託商品、保険商品、定期預金などがあり、加入時にどこにいくら投資するかを自分で指定する必要があります。

「iDeCo」の最大のメリットは節税効果で、積み立て時の掛け金が全額所得控除になるだけでなく、分配金などの運用利益も非課税、そして受け取り時も分割か一括かを問わず、一定額まで非課税となることです。

ただし、60歳までは原則として途中解約や引き出しができないため、あくまで老後のための資金づくりの意味合いが強くなります。途中解約すると元本割れの危険もあるので、無理のない掛け金を設定しておいたほうがいいでしょう。

◎ 新NISAは見逃せない

NISAとは2014年1月に開始した少額投資非課税制度のことを言います。NISA口座と呼ばれる口座を利用して株式の取引を行うと、「iDeCo」と同様、配当金や売却益等にかかる税金が非課税となります。

前にも述べたように、通常の株式や投資信託などの金融商品では、毎年の配当金や売却益に対し、20%の税金がかかります。しかし、このNISA口座を使えば、利益は原則的には非課税となります。例えば、運用で10万円の利益が出たとしたら、一般口座なら約2万円税金がかかり、受け取りは約8万円になりますが、ＮＩＳＡ口座を使えば丸々10万円が受け取れます。

ＮＩＳＡは今年（2024年度）から制度が変わり、より利用しやすくなりました。

2023年度までは年間投資枠が40万円の「つみたてＮＩＳＡ」と、120万円の「一般ＮＩＳＡ」との選択制で、同年内ではどちらか一方しか選べませんでした。今年から始まった新しい制度では、積立や分散投資に適した投資信託が買える「つみたて投資枠」が年間120万円、加えて上場株式などが購入可能な「成長投資枠」が240万円までに増え、併用することも可能になりました。

つまり、**年間投資額の上限は計360万円と、今までの一般ＮＩＳＡと比べて3倍に拡大しました。**

また、**生涯で投資できる総額も大きくなります。**非課税保有限度額は1800万円（うち成長投資枠は1200万円）となります。今までは、つみたてＮＩＳＡの最大投資枠は20年間で計800万円、一般NISAでは5年間で計600万円でしたので、総額としても2倍以上になります。

さらに、今までは一度商品を売却すると、売却した分の投資枠は使えなかったのですが、新しい制度では売却した翌年以降に生涯投資枠の再利用が可能となります。

これは何を意味しているかというと、政府が投資を後押ししている、ということに他なりません。資産形成をするうえで知らないと絶対に損になる制度といっても過言ではないでしょう。

NISAとiDeCoを税制優遇という観点で比較した場合、**iDeCoは掛け金の拠出時、運用、受け取り時にそれぞれ税制優遇があるのに対し、NISAは運用期間中の利益が非課税というメリットのみ**です。

しかし**iDeCoが原則60歳まで引き出しができないのに対し、NISAはいつでも運用しているお金を引き出すことができます。**目的によって使い分けたり、併用したりするといいでしょう。

ワニ先生のお金コラム 2

後からあわてる前にやっておきたい事務手続きのあれこれ

フリーランスになって仕事をするようになったら、目の前の仕事や営業に忙しく、事務的な作業は後回しになりがちです。ここでは忘れずにやっておきたいことをピックアップします。

◎ 開業届を提出する

この本では個人事業主も自営業者もまとめて「フリーランス」と表現していますが、厳密にいうと、「フリーランス」とは特定の組織に属さず取引先から報酬を受ける「働き方」を指しています。税法上で個人事業主として業務を始めるには、個人事業開業届（個人事業の開業・廃業等届出書）の提出が必要です。

原則として事業開始日から1ヶ月以内に提出することが義務付けられていますが、提出し忘れてもとくに罰則はないので、そのままになっているフリーランスも少なくはないでしょう。ですが、次に説明する「青色申告承認申請書」と一緒に提出すれば、「青色申告特別控除」を受けることができますし、法人での銀行口座も作りやすくなるなどのメリットもあります。何より、気持ちも一新するので、ぜひ開業届は出しましょう。提出書類は税務署に置いてありますし、国税庁のホームページからダウンロードすることも可能です。

＊手続き・相談――納税地を所轄する税務署（ネット申請可）
＊用意するもの――前記の提出書類に記入したもの

◎ 青色申告承認申請書を提出する

青色申告を希望する場合は税務署に申請書を提出します。新たに開業する場合、事業開始から2ヶ月以内の提出が求められますが、前に紹介した開業届と一緒に提出するのがおすすめ。

すでに事業を始めている場合は、青色申告をしようとする年の3月15日までに提出します。確定申告の際に一緒に提出すればいいでしょう。ただし、その適用は来年からとなります。提出書類は税務署に置いてあるほか、パソコンからe‐Taxのソフトを使って作成することができます。

＊手続き・相談――納税地を所轄する税務署（ネット申請可）
＊用意するもの――前記の提出書類に記入したもの

そのほかに、青色申告関連の手続きとして、次のものが挙げられます。いずれも従業員を雇い、給与を支払うようになるケースが該当します。フリーランスとして一人で仕事をこなしていくのであれば、当面はなくてもかまいません。必要であれば、青色申告承認申請書と同時に手続きをするといいでしょう。

- **給与支払事務所等の開設届出書**
  従業員を雇い給与支払いを行う事務所を開設した場合。
- **源泉所得税の納期の特例の承認に関する申請書**

従業員の給与から源泉徴収した所得税の納期を半年ごとに納税する場合。

- **青色事業専従者給与に関する届出・変更届出書**
  青色事業専従者給与額を必要経費に算入しようとする場合の手続き。

◎ 開業資金は経費にできる

また、フリーランスや起業の準備にかかったものは、開業前であっても後々経費にすることができます。例えば、打ち合わせの飲食費、交通費や旅費、名刺作成代、ホームページ作成費、セミナーなどの参加費などです。

これらは「繰延資産」として処理し、開業から5年以内で償却します。

この開業費に限らずお金の出入りについては帳簿をつけることをおすすめします。フリーランスになる前から資料の整理は必要なんです。特に支出の領収書を「保管しておくだけ」で何ら整理しておかないと、何に、何のために使ったのかわからなくなり、最終的に会計をまとめる時にとても厄介になります。まとめを税理士に任せるにしても、「いつ、何に使ったのか」を整理しておかないと正しい処理ができません。

2章のまとめ

- 経費とは売上を獲得するための支出。
それが経費かどうかわかるのは本人しかいない。

- 基本的に10万円以上の高額な支出はその年のみの経費でなく、固定資産として減価償却する必要がある。

- 節税のために経費を使っていくと、税金は減るが、お金そのものは減る。

- 節税のメリットもありながら将来の備えになる「小規模企業共済」や「iDeCo」「新NISA」はやるべき。

3章

脱どんぶり勘定!
お金の管理能力をつける

お金の管理が苦手な人でもできること

どんなにフリーランスとして仕事のスキルが高く、仕事をたくさんこなせる人でも、どんぶり勘定で自分がいくら稼いで、いくら使っているのかもわからなければお金の不安はなくなりません。

お金を管理する力のファーストステップはまずお金の出入りをしっかり把握することです。この章では、お金の管理能力を上げる考え方や具体的な方法、会社の経営者も使っている資金繰り表を個人用にアレンジした方法をお伝えしようと思います。

◎ ビジネスとプライベートのカードを分ける

フリーランスの人で意外と多いのが、ビジネスのお金とプライベートのお金をご

ちゃ混ぜにしていること。領収書だけをせっせと溜めて、確定申告の時になって徹夜で仕分けしている人がいますが、これではいつになってもお金の管理能力はつきません。

原因は預金通帳やクレジットカードをビジネスとプライベートで同じものを使っていることです。

個人で活動しているフリーランスは、クレジットカードと通帳はビジネス用と個人用とを分け、それぞれのお金の出入りはどうなっているかを確認する習慣をつけましょう。

ビジネスの支出とプライベートの支出をしっかり分けるだけでも、お金の流れが掴めるようになります。

ビジネスの口座から、生活費などプライベートに使うお金を毎月一定額引き出し、その範囲で生活するように意識をすれば生活費の管理もできます。

この場合は、「事業主貸」という勘定項目で処理します。これは、事業主がその事業と関係なく個人に貸し付けました、という意味合いがあります。

事業主貸は生活費だけでなく、経費における家事按分を差し引く際にも使用します。例えば、携帯代をビジネスの口座から引き落としている場合。毎月1万円携帯代がかかっていて、ビジネスでの使用は8割だったとします。この場合、毎月2000円分はプライベートの使用になりますから、年末に2万4000円分（2000円×12ヶ月）を事業主貸として計上すればいいのです。

ビジネス用でも個人用でも、預金通帳を眺めると、「手元にある現金のありか」をしっかり把握できるようになります。

ビジネスというのは、何かピンチになったことがあっても、手元に資金（＝お金）があればなんとかなります。ですから、日頃からお金の流れに敏感になってせっせと貯めていくことが大事です。

◎ 資料整理能力を高めよう

ビジネスとプライベートのカードと通帳を分けることと同じく、大事なのが資料の整理です。日々増えていく領収書などをごちゃごちゃにしている人を見かけますが、ビジネスの領収書とプライベートのレシート類はできるだけその日のうちに分け、いらないものは破棄します。領収書をきっちりノートに貼っている人を見かけますが、そこまでする必要はなく、月別の封筒かファイルに分けておけばいいでしょう。経理事務を税理士にお願いしている場合は、分け方は税理士の指示に従いましょう。

取引先に送った見積書、請求書などの資料も別途ファイリングしておきます。

これらの資料の整理が苦手な方は多いと思いますが、事業が大きくなればなるほど量が増えて複雑化していきますので、早めにルールを作っておくことが大事です。資料の仕分けが毎日のルーティンになればそれほど労力感はなくなってくるはずです。

◎ 税理士に依頼をする時の資料

4章で説明しますが、確定申告で**青色申告を選び、65万円の特別控除を得るためには「正規の簿記」による処理が必要**です。

正規の簿記とは複式簿記のことです。

この複式簿記は、残念ながらきちんと勉強しないとその仕組みを理解できませんし、処理も正確にはできません。簿記会計を知らない人でも扱えます、と謳っている会計ソフトを使ったとしても、**体裁は複式簿記のように見えても、実は内容が間違っている場合も多い**です。

そうなると、正確な申告書を作るために

はどうしても税理士にお願いせざるを得なくなってきます。

フリーランスの確定申告を税理士にお願いする場合、内容やボリュームによりますが、報酬の相場は10万～30万円ぐらいになります。

税理士に依頼すると確定申告にかかる諸々の手間と時間が省かれるのはもちろん、税理士が作った申告書は安心できますし、節税の相談にも乗ってもらえるので費用を支払うだけのメリットはあると思います。

とはいえ、まだそこまで経費をかけたくない、と思う人もいるでしょう。そうであれば、自分に合いそうな会計ソフトを使うなどして申告書づくりにチャレンジしてみてもいいでしょう。しかし**わからないところは自己流で処理をせず、青色申告会や税務署、地元の税理士会がやっている無料相談会で相談してみることをおすすめします。**

仮に税理士に依頼するとしても、領収書をドサっと渡せばいいというものではありません。資料として必ず必要なのが次のページで紹介する5点セットです。

□預金通帳のコピー

□経費の領収書

□請求書の控え（相手からもらったもの、こちらから出したもの）

□支払調書

□クレジットカードの利用明細

そのほかに、

□不動産を所有している人は「家賃収入の一覧表」、「不動産の収入がわかる預金通帳のコピー」、「借入金返済明細書」、「貸家の損害保険料の明細」、「新規貸借人の契約書コピー」など

□他から給与をもらっている人はその「源泉徴収票」

□年金をもらっている人は「年金の源泉徴収票」

□上場株式の譲渡や配当があった人は「証券会社からの年間取引報告書」

□保険料の控除関係の資料（「生命保険控除証明書」、「地震保険料控除証明書」、「損害保険

郵 便 は が き

105-0003

（受取人）

東京都港区西新橋2-23-1
3東洋海事ビル
（株）アスコム

お金の管理が苦手なフリーランスのための
お金と税金のことが90分でわかる本

読者　係

本書をお買いあげ頂き、誠にありがとうございました。お手数ですが、今後の出版の参考のため各項目にご記入のうえ、弊社までご返送ください。

お名前	男・女	才
ご住所　〒		
Tel	E-mail	
この本の満足度は何％ですか？		％
今後、著者や新刊に関する情報、新企画へのアンケート、セミナーのご案内などを郵送またはｅメールにて送付させていただいてもよろしいでしょうか？　□はい　□いいえ		

返送いただいた方の中から**抽選で3名**の方に
図書カード3000円分をプレゼントさせていただきます

当選の発表はプレゼント商品の発送をもって代えさせていただきます。
※ご記入いただいた個人情報はプレゼントの発送以外に利用することはありません。
※本書へのご意見・ご感想およびその要旨に関しては、本書の広告などに文面を掲載させていただく場合がございます。

●本書へのご意見・ご感想をお聞かせください。

●著者の次回作に期待することをお聞かせください。

ご協力ありがとうございました。

料控除証明書」、「国民年金保険料の控除証明書」、「小規模企業共済の掛金払込証明書」、「寄付金受領証明書」・健康保険料・介護保険料の納入通知など支払いがわかる書類）

□医療費が家族全員で年間10万円を超えた人は「医療費の年間利用明細書」または医療費の領収書

フリーランスの事務作業

たくさんあって大変ですが、正確な数字を出すためにはどれも欠かすことができません。何より、資料がまとまっていて税理士の手間が省ければ、それだけ報酬も少なくて済むかもしれませんし、まとめるこちらとしても資料が整理されているほうがモチベーションが上がります。

将来出ていくお金を見通す力をつける

預金通帳を見たり、記帳をしたりして日々の現金の動きが把握できるようになったら、**将来のお金の動き、少なくとも1年くらいのお金の動きが見通せるようにしましょう。**もちろん、正確な売上の予測を立てることはできませんが、これができるようになると、事業を法人化した場合でも経営者としての能力がぐんと上がります。

フリーランスでも経営者でも、ビジネスの舵を切る船長はあなたです。現状をみて将来を予測し、航路を決めていく必要があるのです。

会社員時代なら毎月25日に給料が振り込まれていることが多かったと思いますが、フリーランスになったら、毎月同じ日に一定額が振り込まれることはありません。取引先によってさまざまな期間の支払いサイトがあり、実際の振り込み日が予想より遅いことに戸惑った経験がある方も多いのではないでしょうか。

◎入金日のズレに注意

将来のお金の動きを考えるうえで必須になるのがこの「入金のズレ」です。

仕事が終わって納品も完了して、請求書を発行してから入金されるまでの時間が数ヶ月に及ぶなど、いわゆる「長い支払いサイト」があるケースです。この場合、手元にあるお金の予測がつきにくいです。

一般的には「月末締め、翌月末払い」という取引先が多いですが、中には60日後、あるいはそれ以上になるところも多いようです。

仕入れや人件費などの支払いがほとんどないビジネスをしているフリーランスならあまり問題はないかもしれませんが、**月々の支払いが多いビジネスをしていると、この入金までの期間が長くなるほど資金繰りが苦しくなる原因になります。**

仕事の波・収入の波

連続して同じくらいの金額の仕事が続くのであれば、お金は回せるようになるかもしれませんが、フリーランスの仕事はそう簡単に行かないケースも多くありますので、入金と支払いのタイミングをしっかり把握しておくことが大事です。

◎未来のお金の動きを見通す

・この仕事はいくらで、請求はいつ出して、その入金はいつになるのか？
・仕入れ先への支払いはいつまでにしなければならないか？
・光熱費やクレジットなどの引き落としは、いつでいくらになるのか？
・今後、いつどんな税金の支払いがあるのか？　など

これらはすべて「将来のお金の動き」に関わります。

フリーランスであれば、仕事の進行スケジュールはしっかり把握していると思いますが、それと同じぐらいに入金と出金のスケジュールを頭に入れておくことが大事です。

実際、後から来る税金の支払いを忘れていたために、その金額にびっくりしてしまう人は多いです。

日々のお金の動きと将来の税金の支払いのスケジュールを把握していれば、おおよそでもお金の動きの予測をつけることができ、そのための準備もできます。

◎資金繰り表はビジネスの「予定家計簿」

先ほども言ったように、ビジネスの口座に入出金を一元化させておくと、通帳を見ればおおよそのお金の流れがつかめますが、それだけだと「将来入ってくるお金」「将来出ていくお金」がわかりません。**そこを視覚化したものが「資金繰り表」になります。**

資金繰り表は、主に企業が資金不足にならないように現金の支出予定をまとめたものです。売上が増えてくると、入金が増えるだけでなく支出や払うべき税金も増えてくるので、利益が出ているのに支払いに必要な資金が不足し、「黒字倒産」という笑えない事態になるケースも多々あります。

個人のフリーランスで作っている人はあまりいないかもしれませんが、売上が増えて支出も増えたり、人を雇ったりしている人は作成してみるといいでしょう。

資金繰り表の特徴は次の3つです。

・現在のお金のあり高がわかる
・将来の入出金が予測できる
・予測と実績とのズレを確認できる

本格的な資金繰り表はかなり複雑になるので、実際には簿記会計の知識がないと作成できないでしょう。そこで、ここではフリーランス用に比較的単純化してまとめた資金繰り表を紹介します。

108、109ページで紹介するのは、私がカメラマンのAさん用に作った資金繰り表です。

Aさんは雑誌やWeb媒体などで活躍する売れっ子カメラマンです。しかし、お金の管理は苦手なようで経費の使い方もかなり雑でした。そして、税金を払う時期や金額も把握していなかったので、ある年の確定申告後にこのような1年間の資金繰り表を作り、Aさんに見せたのです。これは資金繰り表の中の「予測表」と呼ばれるもので、今後1年間のお金の動きを予測したもの。売上や住宅費を除く生活費の予測金額はAさん自身に数値を考えて入れてもらいました。

カンタン資金繰り表（予測表）の作り方

作成する時期は、確定申告が終わった後がベスト。

① 毎月の予測売上高を記入

フリーランスは月々の収入が安定しないケースが多いでしょう。とはいえ進行中の仕事の進捗などを踏まえて考えれば、何月にいくら、その翌月にはいくら、といったような大まかなめどを立てることができるでしょう。まずはざっくりでいいので月々の売上（目標）を記入します。

② その売上にかかるであろう直接経費を記入

仕入れ金額・外注費・仕事関係の飲食代など月々かかるであろう経費を記入します。経費についても月によって変動することはありますが、おおよその予測として算出しておきます。

③ 生活費の予算を記入

生活費にかかるおおよその合算額を記入します。

④ 今年度かかる納税予定表を記入

確定申告が終われば、おおよその税金額もわかります。それぞれの金額を記入しておきましょう（スケジュールは40ページ参照）。

Aさんプロフィール
フリーランスカメラマン　35歳　独身
令和3年の確定申告の結果　売上1,850万円
　　　　　　　　　　　　　所得560万円

	8	9	10	11	12	1	2	合計
	6,508	6,039	5,902	5,653	5,386	5,309	4,610	
	1,000	1,000	1,000	1,000	1,000	500	1,000	13,500
	70	100	100	50	40	50	200	1,180
	800	800	800	800	800	800	800	9,500
				180				180
								−776
	250							750
	112		112			112		449
	17	17	17	17	17	17	17	204
	20	20	20	20	20	20	20	240
	200	200	200	200	200	200	200	2,400
	1,469	1,137	1,249	1,267	1,077	1,199	1,237	14,127
	6,039	5,902	5,653	5,386	5,309	4,610	4,373	

住民税は課税所得（所得から所得控除を引いた額）の約10％です。納める時期は6月、8月、10月、翌年1月です。

個人事業税は、「事業主控除」として290万円の控除が認められています。算出式で表すと「（事業所得額－事業主控除290万円）×税率（3～5％）」です。ここでは約18万円です。

▶カメラマンAさんのカンタン資金繰り表 （月次表　千円）

月	3	4	5	6	7
前月繰越高　①	5,000	4,113	4,892	5,475	5,295
収入　②	700	1,000	1,800	1,000	2,500
アシスタントフィー	50	60	180	30	250
諸経費	800	700	800	800	800
事業税支払					
所得税納税		−776			
消費税	500				
住民税納付				113	
国民年金保険料	17	17	17	17	17
国民健康保険料	20	20	20	20	20
生活費	200	200	200	200	200
支出合計　③	1,587	221	1,217	1,180	1,287
差引残高 ①＋②－③	4,113	4,892	5,475	5,295	6,508

所得税と消費税は確定申告をすると金額が決まります。Aさんは報酬が源泉徴収されているので、所得税は還付になりました。昨年の売上は1,000万円を超えていたので消費税の納付があります（8月は予定納税です）。

国民年金保険料は月額16,520円（2023年現在）。ここでは17,000円としておきます。

国民健康保険料は年収や世帯数によって変わります。新年度の金額は6月に通知がきますが、とりあえず前年度と同じ月額2万円としておきます。

資金繰り表はあくまでこれからのお金の動きを予測したものです。となると実際にどうなったかの振り返りがあったほうが次につなげられます。できれば月末に実績を書き入れてみるといいでしょう。

◎ Aさんの感想

この資金繰り表を見て初めて自分が払っている税金の全体像を知ることができました。確定申告の年は仕事の売上が良かったので、その分税金が高くなりそうだ、ということがあらかじめわかって良かったです。仕事の経費や生活費も目標値を立てておいたことで、少しずつですが節約もするようになりました。

資金繰り表を立てた年は実際には3～5月の仕事が予測よりだいぶ少なかったので一気に手元の預金残高が減ってヒヤヒヤした年でした。売上の波はあった年でしたが、あらかじめ資金繰り表を作っておいたので心の余裕ができて良かったです。

3

今までに実績がなくても資金繰り表があれば銀行融資はゲットできる

108、109ページで紹介した「カンタン資金繰り表」は、財務上でいう「資金繰り表」を簡略化したものですが、この作り方を知っておくと、自分のビジネスのお金の流れがわかるだけでなく、将来融資を受けたい時にとても役に立ちます。

なぜなら、「この会社（人）はお金を返せないかもしれない」と思われてしまったら、お金はどこも貸してくれません。そのため、過去や現在はもちろん、将来のお金の流れまで予測した資金繰り表が必須なのです。

私のお客さんでこんな例がありました。

都心でバーを経営しているKさんは、もともと異業種の会社員からの転職組。社交的で仕事や趣味のほか、異業種交流会などにも積極的に参加していたこともあり、しっかりした人脈はありました。

ただし開業資金には多少の不安がありました。会社員時代の貯金や退職金もありましたが、全額を開業資金に充ててしまうわけにもいきません。

そこで頼ったのが金融機関からの融資。とりあえず日本政策金融公庫の扉をたたき、いろいろとお話を聞いてきました。

当初の反応は決して芳しいものではありませんでした。バーの業務経験は、Kさん自身も学生時代のアルバイトがありましたが、経営者としての実績は全くない状態でした。それなりの自己資金があるとはいえ、最初の感触は、希望額の融資はなかなか難しそうだったといいます。

そこで、なるべく実現可能な予測を立ててしっかりとした事業計画を作ることをアドバイスしました。慣れない人が事業計画を作ると、「思い」や「コンセプト」ばかりの起業家が多いのですが、事業計画で最も大事なのは「数字」です。

どれくらいの売上がたてられて、どれくらいの経費がかかって、儲けはいくらになり、その結果、資金はどれくらい残るのか？

特に融資を受ける場合はこの利益から返済原資をひねり出すので、利益とその裏付けとなる資金残高はとても大事になります。

事業計画の作成に当たっては、まずは売上計画を作成します。売上というのは基本的に「単価×個数」。バーの場合は「単価×人数×営業日数」ですから、まずは一人当たりいくら使ってもらうか、お店には何人収容できて、滞在時間は何時間くらいで、何回転できるか、そして営業日数はどれくらいにするのかを考えて、現実的な売上計画を練ってもらいました。

そのうえで必要な仕入れ金額や家賃、人件費を想定してもらって、詳細な月ごとの事業計画書が出来上がりました。これをもとにして月ごとと日ごとの入金と出金をまとめた資金繰り表も作り、分厚い事業計画書にして提出したところ、融資担当の態度は好転するようになりました。

これまでに多数の飲食店への融資も経験した金融マンから見ても、しっかりした事業計画と資金繰り表があるということは、それだけ経営者への信用度を増すことになるのです。

結果的に、Kさんは希望額の融資を手にすることができ、自己資金をすべて開業資金につぎ込まずに店のオープンにこぎつけることができたのです。

そして現在も、月々の資金繰り表を作成することで、堅実な経営を続けています。

3章のまとめ

○ お金の出入りはプライベートとビジネスでしっかり分ける。

○ フリーランスにとって資料整理はとても大事。税理士にお願いする時も各種の資料を求められる。

○ 請求書を発行してから入金日までにはズレがある。長い支払いサイトに要注意。

○ 収入・支出が増えてきたら「資金繰り表」を作っておくと、将来のお金の流れが見える化できて資金繰りが安心になる。

4
章

今さら聞けない！
確定申告で損しない方法と
インボイス

知らないと損をする確定申告のポイント

フリーランスにとっての一大行事で、かつ、一番厄介なのが「3月の所得税の確定申告」。実際には2月16日から1ヶ月後の3月15日までが受付期間となります。

確定申告とは、一言で言うと、「1年間の収入から経費等を差し引いて所得を算出し、そこから納める税金の額を計算して国（税務署）に提出すること」です。

基本的には会社員の年末調整と同じことです。

ここでは確定申告の手順の中で覚えておいてほしいことを挙げていきます。

◎ 支払調書だけに頼ると間違える

「確定申告の準備をするぞ！」となると、腕まくりして領収書の整理から始める人がいますが、**経費よりも大事なのは所得の元になる「売上の集計」**です。

この売上の集計で参考になるのは取引先から送られてくる支払調書になりますが、3つの注意すべきポイントがあります。

1 支払調書がない売上はないか

前述した通り、支払調書は基本的には取引先が税務署に送るためのものですので、支払い者に送られてこないこともあります。

そこで、**売上のもれがないか、自分で記録した帳簿や請求書を見て確認しましょう。**

2 源泉徴収税額は全部計上しているか

支払調書には控除された源泉徴収税額が記載されています。これはいわば自分が所得税を前払いした金額ですから、申告書に記入することによって所得税額から控除されます。**記入もれがあると税金を二重で払うことになってしまうので注意が必要**です。

支払調書をもらっていない売上に関しても、請求書と振り込み金額を確認して、源泉徴収された金額がないかチェックしましょう。

▶年末の売上に注意

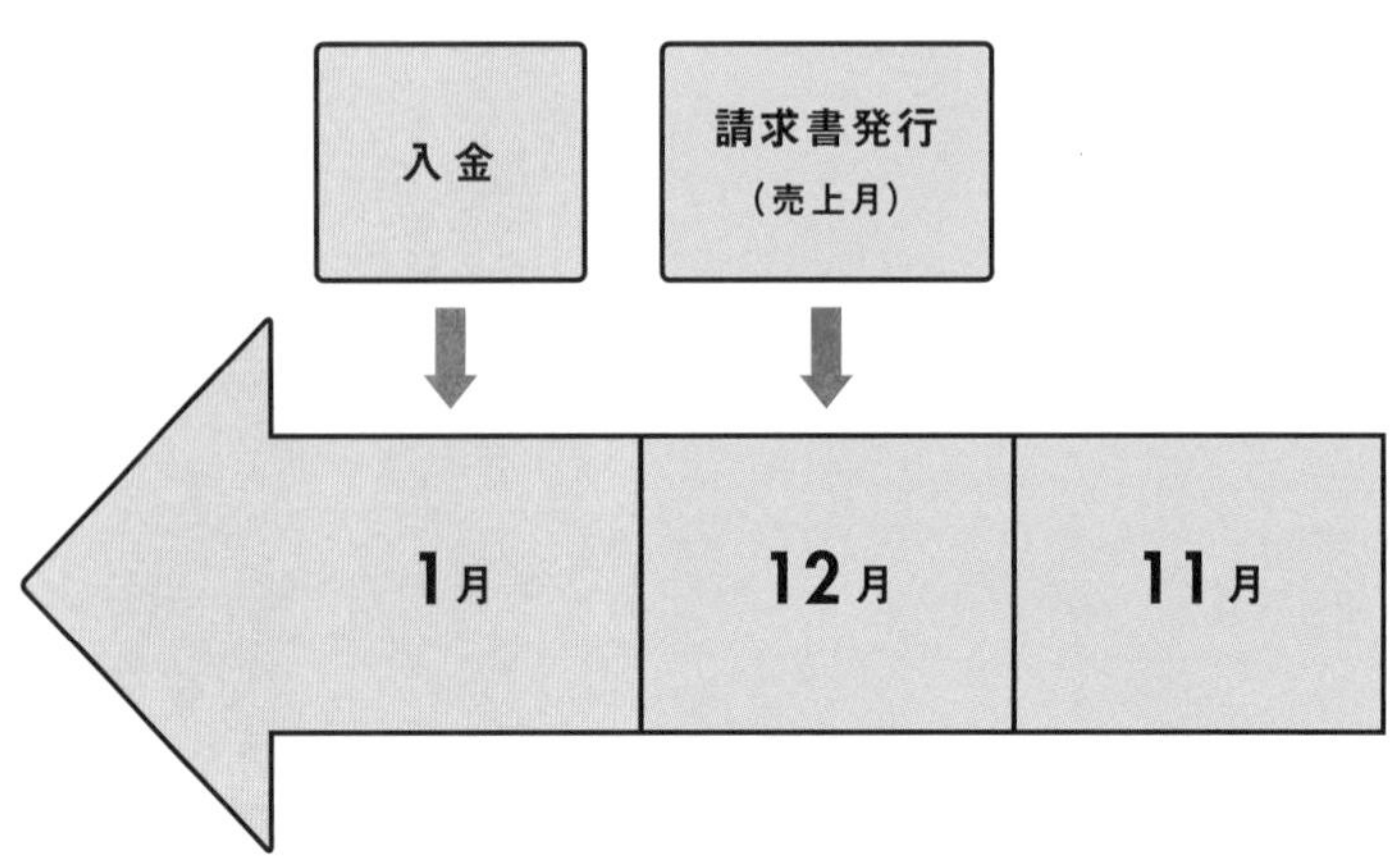

売上の計上は、入金日でなく、「仕事が終わった日」を基準に考える

3　年末の仕事に注意する

売上は入金された日ではなく、成果物を納品して、請求書を発行した時など「いつでも代金をいただける状態になった時」に計上します（これを「発生主義」といいます）。

例えば、入金が1月にあったとしても、その仕事を12月中に完了した場合は、売上は12月に計上し、その分の税金も納めることになります。

しかし、支払調書は支払いベースで作成されているので、12月の売上分は支払調書から抜けている可能性があります。その場合はどうしたらいいのでしょうか？

支払調書はなくても自分が請求した金額

で売上を計上し、源泉徴収の金額は自分で計算したものを確定申告書に記載していけばいいのです。

以上から見ると、やはり日々の売上をきちんと記帳しておくことが大前提になります。**支払調書はあくまで「確定申告の作成」の参考に使うものなので、売上については基本は自分自身で把握しておくことが大事**です。

◎計上もれをしやすい経費に注意

その次に経費です。

昨年1月から12月までの仕入れや経費を集計します。

経費については前述した通り、まずは売上があって、それに対応する仕入れや経費をカウントするという考え方になります。つまり、**売上に対応しない架空の経費を計上することは許されませんが、意外と見落とされがちな経費もあります。**例えば次のようなものです。

・**家賃、光熱費、通信費の家事按分**

自宅を事務所にしている人は家賃や光熱費、電話やインターネットなどの通信費の何割かを経費に計上することができます。その割合を「按分率」といいますが、按分率はケースバイケース。家賃の場合は、自宅の全体の床面積に対して仕事に使っているスペースの面積の割合で考えたり、光熱費や通信費は使用時間の割合で考えたりします。わからない場合は税理士などの専門家に相談してみてもいいでしょう。

・**冠婚葬祭費**

仕事に関係がある人の冠婚葬祭であれば、香典や祝儀を福利厚生費や交際費に計上することができます（もちろん、友人や親族のものはダメです！）。冠婚葬祭費のように領収書がない場合は、文房具店などで売っている「出金伝票」に記録しておくとよいでしょう。

・**経費に計上できる税金**

所得税や住民税は個人の税金なので経費にすることはできませんが、**事業に関係して納めた事業税や納税義務がある場合の消費税、行政機関への手数料（収入印紙や印鑑証明書発行手数料）、そのほか固定資産税、自動車税などは経費に計上することができます。**これらは「租税公課」という勘定項目になります。

・そのほか計上もれをしやすいもの

仕事に関わるセミナー費、仕事で車を使用した時のガソリン代や駐車場代、電子書籍、仕事で使った宅配便代、税理士に依頼した時の費用など。

税金を抑えるためにまずやるべきことは、実際に売上を得るために貢献した経費をもれなく計上することです。

ところで、パソコンや、場合によっては仕事用の自動車を購入された場合は、それに見合うお金が出ていっているとしてもその金額によって経費の扱いが変わります。

一組の購入金額が10万円未満の「固定資産」は、パソコンであろうと、それが中古の自動車であろうと、一度に経上することができますが、**使用期間が1年以上で10万**

円以上の固定資産は法定耐用年数に従って「減価償却」する必要があります。

ここは確定申告でよく間違えるところなので注意が必要です。

◎税金を公平にするための「控除」

収支計算書や青色決算書で儲けの集計ができたら、次は「所得税の確定申告書の作成」に移ります。

ここでは「儲け」を出発点として、所得税法上の控除を経て、「課税される所得金額」を算出し、それに所得税率をかけて初めて納めるべき所得税が算出されます。あらかじめ源泉徴収税額を控除されている方は、その精算もして、場合によっては還付される金額が算出されます。

「課税」の基本コンセプトは「公平性」にあります。何をもって公平かということは、難しいところもありますが、所得税においても公平性の維持に基づいてさまざまな控除（一定金額を差し引くこと）があります。

「医療費控除」が有名ですが、そのほかに健康保険料や年金保険料を支払ったら課税対象から外されたり、扶養する家族がいたり、ひとり親である場合はそれも考慮してくれます。

もっとも基本的な控除は「基礎控除」。所得金額が2400万円以下なら48万円です。これは基本的に一律に与えられた控除です。

「ふるさと納税」や認定ＮＰＯ法人等に対して寄附をした場合に適用されるのは「寄附金控除」です。ただし、**全額控除されるわけではなく、「寄附金支出合計額」と「所得×40％」のいずれか少ないほうから2000円を引いた額が控除対象額**になります。

ちなみに、会社員など給与所得者の場合、多くの所得控除は年末調整で控除できますが、「寄附金控除」や「医療費控除」は個人で確定申告をしなければ適用されません。

◎青色申告特別控除65万円を受けるためには

確定申告でよく聞く話が、「確定申告を白青のどちらで行うか」。

つまり、申告する際には白色申告か青色申告かを選ぶ必要があります。青色申告であれば次のようないろいろなメリットがありますが、白色申告ではとくに税金が安くなるようなメリットはありませんので青色申告を選びたいもの。しかし、そのための義務もありますので注意が必要です。

・最高65万円の控除が受けられる

指定の書類を作成してｅ－Ｔａｘによる電子申告と電子帳簿保存を行えば、**最大65万円の青色申告特別控除が受けられます**。これは青色申告の最大の魅力でしょう。これは、その額を使わなくても自動的に与えられる「経費」と同じです。

・家族への給与が経費にできる

青色申告を選んだ場合、**仕事に相応する金額内であれば家族への給与支払いを経費とすることができます。**ただし、新たに家族を雇った日から2ヶ月以内に「青色事業専従者給与に関する届出書」を提出する必要があります。また、給料を支給する家族に条件があるので確認が必要です。さらに給与の金額が少ないからといって所得控除の一つである「扶養控除」は使えません。

・赤字を繰り越せる

事業が赤字になってしまった場合、その赤字を3年間繰り越すことができます。どういうことかというと、仮にある年に100万円の赤字になってしまった時に、翌年、50万円の黒字になっても、前年の赤字と相殺してこの50万円にはいきなり課税はされません。この例ではなお50万円の赤字がありますので、その翌年も50万円を超える所得（利益）にしか課税されません。

・10万円以上の経費を1年で経費にできる

通常、10万円以上の高額な経費は1年で経費にすることができず、減価償却が必要ですが、**青色申告の場合、30万円未満までは1年で経費にできます**（ただし合計が年間300万円を超えると対象外になるので注意が必要）。

青色申告でこれらのメリットを享受するために気をつけなければいけない点が2つあります。**一つは、事前に「所得税の青色申告承認申請書」を提出しなければならないこと。もう一つは「所得税青色申告決算書」という専用の書類を作成して申請しなければならないこと**です。これは「正規の簿記」で作成しなければなりません。

前述しましたが、「正規の簿記」とは「複式簿記」のことです。

複式簿記とは「起きた事象」と「その裏付け」を同時に記録することでその事象の事実関係がわかるようにしたものです。ここが、お金の出入りだけを記録する家計簿のような「単式簿記」とは大きく違うところです。

いずれにしても、イタリア人が発明したという「複式簿記」というのは仕組みが精緻で、単なる処理上のミスがない限りは、正直な結果が出ます。

確定申告における青色申告でもこの複式簿記の考え方で税金を計算します。

消費税の仕組みから考えるインボイス

ここで、2023年10月より導入されたインボイス制度についてお話しします。いまだに「よくわからない」「登録すべきか悩んでいる」という声を多く聞きます。これこそフリーランスは知っておきたい事柄です。

「最初の頃は声優さんたちが反対していたな」などとおぼろげに覚えている方もいるかと思いますが、なぜ彼らは反対したのか。

インボイスを知るためには、消費税の仕組みから理解しないとなかなか頭に入ってきません。消費税はほかの所得税や法人税とはその仕組みが全く違います。

まず、所得税や法人税は「税の負担者」と「税の納税者」が同じです。自分が儲かったから自分で相応の税金を納税するのです(直接税)。

▶消費税の仕組み

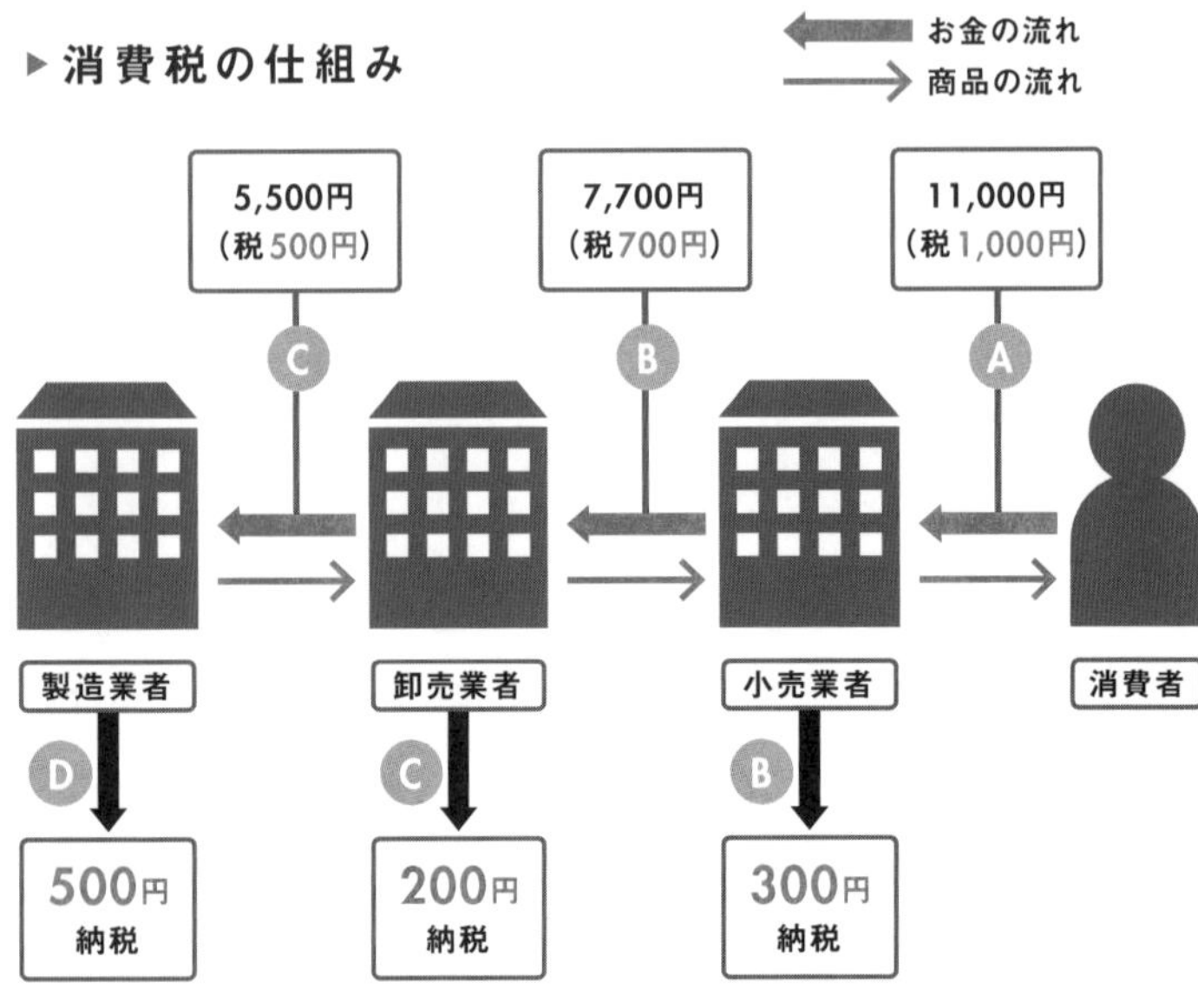

しかし、消費税というのは「負担者」は一般消費者です。その人の収入にかかわらず、コンビニやスーパーなどで同じ商品を買えば同じ消費税分をプラスして代金を支払います（間接税）。

では消費者がお店に支払った消費税はどうなるのでしょうか？　お店のものになるのでしょうか？　当然違います。

お店から連なる卸売業者や製造業者などの各事業者がそれぞれの段階で負担して税務署に納税するのです。

◎消費税は各事業者が分担して納税

具体的に見てみましょう。

右のイラストのように消費者が小売業者から商品を1万1000円で購入しました。そのうち、消費税は1000円になります（図Ⓐ）。

小売業者はこの商品を卸売業者から7700円で仕入れ、うち700円分の消費税を払いました。小売業者は消費者から預かった消費税1000円から自分が支払った消費税700円を引き、差額300円を納税します（図Ⓑ）。

卸売業者はこの商品を製造業者から5500円で仕入れました。500円分が消費税になります。そこで卸売業者は700円との差額200円を納税します（図Ⓒ）。

製造業者は、5500円で販売した際の消費税500円を納税します（図Ⓓ）。

小売業者、卸売業者、製造業者が納税した消費税の合計額は1000円で、消費者が支払った消費税額と同額になります。

以上からわかる通り、**消費税の負担者は一般消費者で、その納税を事実上、委託された各事業者が分担して行うのです。**

まとめると、預かった消費税がどのように税務署に支払われるのかには、次の2つの経路があります。

1　一部はあなた自身が直接税務署に納税

2　一部は仕入れや経費、ものの購入に伴って「自分以外の事業者経由」で税務署に納税

この2パターンです。

小売業者として商品を販売する場合はもちろん、フリーランスとして写真を撮ったり、イラストを描いたり、コンサルティングをしたりすればその報酬に対して消費税が発生します。

つまり、**フリーランスも事業者である以上は、この「納税のループ」の中にいるのですね。**

ここで大事なことは、売上に載せていただく消費税というのは「あなたの（会社の）お金ではない」ということなのです。言ってみれば**一般消費者に代わって、各事業者が「納税の代行」をしているというわけ**です。

◎ 免税事業者とは？

ここまで読んで、フリーランスをやっている人の中には「え？ 私は消費税払ったことないけど？」と思う人がいるかもしれません。

フリーランスの人は、売上が（毎年続けて）1000万円以下の場合、もしくは開業後2年以内であれば消費税が免除されます。これを免税事業者といいます（正確には2年前の年間売上高で判定します）。

つまり、免税事業者は預かった消費税は預かったままで、税務署には納めなくていいということなのです。

ちなみに、免税事業者だったものの、ある年の売上高が1000万円を超えた場合、その年とその翌年は消費税の申告はしなくていいのですが、2年後の申告では消費税の集計と納税と申告が必要となります。

例えば令和4年に年間売上が初めて1100万円となりました。この方は2年後の令和6年分で消費税の申告が必要となります。その時の納税額の計算は令和6年の計算数値を使います。

それまでの令和4年分、令和5年分の申告では消費税の申告をしませんから売上に伴っていただいた消費税分の一部は自分の手元に残ることになります。

この「預かった消費税が一部手元に残る」（益税）ことは合法的ではありますが、免税事業者でない事業者からすればなんとも複雑な気持ちになります。

◎インボイス制度導入は当然の成り行き？

そして、ここからが本題のインボイス制度の話になります。

インボイス制度は、一言で言うと今まで特例として認められていた、小規模事業者の「益税」を減らすことが目的の一つです。

「事業者の皆が、消費者から預かった消費税をきちんと国に納税するための制度」というインボイス制度のコンセプトを考えれば、正しい制度ではあるものの、**今まで消費税を納めなくてよかった小規模事業者からすると、手取りの金額が減るのですからとても痛手になります**。ですから反対運動が起こったのです。

世間では「インボイス」という名前だけが広がり、フリーランスの方は戦々恐々としている人も多いと思いますが、まずは先ほど説明した「消費税の仕組み」がわかると、導入の背景が理解しやすくなると思います（個人的に賛成か反対かは別として）。

インボイス制度が導入される背景は、消費税が導入された1989年4月まで遡ります。当時、消費税の導入には、国民の大反対運動が起こりました。そこで、対案として、「売上が1000万円以下の小規模事業者は消費税を納めなくていいよ」という免税事業者制度が採用されたのです。

でも、**こういう案はたいてい後から覆されるのが定石**です。

そもそも消費税自体も3％から始まって、5％、8％、10％と段階的に引き上げら

れていますし、**政府としては免税事業者制度を撤廃する時期を長らく窺っていた**、ということでしょう。

最初に声優さんが消費税のインボイス制度導入に反対していた理由は、彼らは基本的に経費があまりかからない業種でしょうから、もらった売上高の約10%をそのまま納税しなければならず、さらに消費税の申告をしなければならないのですが、事実上、自分で申告書を作成することは困難なので税理士に頼むことになります。そうすると税理士報酬もかかるので、これも結構な負担となります。

収入1000万円以下のフリーランス

からすると、ただでさえ多くはない収入から「確実に手取りが減る」ことを考えると、反対したくなるのは仕方ないのかもしれません。

ちなみに、給与で暮らしている会社員にとっては基本的にインボイス制度は関係ありませんが、副業をやっている方にとっては影響があります。

◎インボイス制度の今後

2023年10月から消費税のインボイス制度が始まりました。**フリーランスにとってのインボイス制度は、残念ながら「いずれにしても、手取り金額が減る」ということになりそうです。**インボイスを申請しない場合、する場合に分けて考えてみます。

・インボイスを申請しない場合

今後もインボイスを申請しない選択をした場合、どのようなことが起こると考えられるでしょうか？

①　消費税分の手取りが減る

インボイスを申請しない免税事業者のフリーランスに代金を支払うほうからすると、そのフリーランスは「消費税の申告をしない＝預かった消費税を納税しない」ということになります。そこで「あなたは消費税の納税をしないのだから、消費税相当分の代金を支払うことはできない」といった論理から、**消費税分の報酬カットを言われてしまう可能性があります**。支払われる段になって、問答無用に消費税分をカットされるのは違法ですが、相手先から「お願い」されることは違法ではないので、現実にはこのような「要請」は多くなると思います。

もちろん、問答無用にカットされた場合は公正取引委員会に訴えることはできますが、本当に訴えたら、おそらく仕事はもらえなくなるでしょう。

消費税分をいただけないということは、確実に「手取り金額が減る」ことになります。

②　仕事の発注がなくなる

消費税分をいただけないのは、まだいいほうかもしれません。**最悪の場合は**

「仕事の発注がなくなる＝取引を切られる」恐れすらあります。これも問答無用に取引を切られたら公正取引委員会に訴えることはできますが、果たしてその効果はあるのでしょうか？

最近、「とにかくインボイスをもっていないところとは付き合うな」といった風潮になってきており、インボイスがなくてもどうしてもお願いしなければならない相手以外は、現実として取引を切られる可能性が高いと思ったほうがいいかもしれません。

なによりも、**免税事業者は「預かった消費税を国に納めずに、自分の懐に入れていてずるい」と受け取られていることがあることを認識しておいたほうがいい**でしょう。

・インボイスを取得すると

実はインボイス制度が導入される前でも、免税事業者はあえて消費税の申告をする旨の届け出を出せば消費税の申告をすることはできました。とはいえ、免税事業者は消費税の申告をしなくていいし、納税をしなくてもいいです、といわれているのですから、基本的にはあえて申告を選択はしませんよね。

さて、この免税事業者もインボイス番号を取得すると、売上規模にかかわらず自動的に消費税の申告と納税が必要となります。

この申告ですが、いちいち納税すべき消費税の集計作業をし、申告書も作成しなければならなくなるのでけっこう複雑であり、非常に手間がかかります。

これらの作業を税理士に依頼するとなると税理士に報酬を払うことになりますし、もちろん、納税があります。

ということは消費税の申告をするということは確実に「手取りの金額」が減ることになります。

◎一般課税と簡易課税

インボイスを申請して消費税の申告をする場合、次のステップとして「一般課税」と「簡易課税」のいずれかを選択する必要があります。

127〜131ページで紹介したような、通常通り預かった消費税から仕入れ代金や経費を払う時に支払った消費税を引いて、納税すべき消費税の計算をすることを「原則課税」といいます。

これとは別に「売上に伴って預かった消費税さえ集計できれば、あとは一定の％をかけて納税額を算出する方法」というのもあります。これを「簡易課税制度」といい、「原則課税」より手間が省けます。

原則課税と簡易課税は、もともとはどちらか納税額が少ないほうを選べることで利用されていますが、インボイス制度の導入で「納税額の計算のしやすさ」で選択されることも多くなりました。

この簡易課税制度を適用する場合は、次のような要件がありますので注意しましょう。

適用要件

・「前前年度」の売上高が5000万円以下であること。
・適用しようとする年度の前年度末までに簡易課税を適用する旨の届け出書を提

出すること。

・簡易課税制度を適用した場合は、最低でも2年は継続して適用すること。

また、**本来は「免税事業者」の方でインボイスを申請してあえて消費税の申告をすることになった方は、「原則課税」だろうと「簡易課税」を選択しようと、インボイス制度開始から3年間は、その納税額が算出額の20%となっています。**

◎消費税の資金繰りは意外と大変

消費税の申告をしなければならなくなったフリーランスは資金繰りを今まで以上に注意して見なければなりません。翌年所得税の確定申告の際に同時に行う消費税の申告の結果、**1年分の消費税を一度に納税しなければならないからです。**

消費税の申告をしなければならない年の売上高が消費税込みで1100万円だったとして、仮にほとんど経費がかからなかったとしたら消費税抜きの売上の10%、つまり1000万円もの金額を一度に支払わなければならないのです。ということは**消費税こそ、計画的に納税資金として毎月準備しておくべきなのです。**

もともと消費税は巡り巡って消費者から預かったお金であって「あなたのお金ではない」のですから、このお金を使わないように毎月準備しておくことが大事です。

1000万円以上の売上がある事業者さんで、申告の時期になると、「こんなに消費税払うの〜?」とおっしゃる方がいますが、これって、そもそもあなたのお金でないのに払えないというのはおかしい、ということになります。

売上で得た消費税は必ず「使わないで、申告の時まで」しっかりと貯金しておいてください。

「消費税対策」というのは究極、これしかないのです。

私の事務所では試算表を作成し、納税予定額表を出して、「今の時点では消費税がこれぐらいかかりますから、そのお金は使わないで貯金しておいてくださいね」とお知らせすることにしています。

◎ インボイス制度で一般家庭の電気代の値段も上がる⁉

ちなみに、このインボイス制度に伴って、2024年の春から毎月の電気代が値上がりする予定であることはご存じでしょうか。

国全体で、**約58億円分を電気料金値上げで、インボイス制度で出た損失分をカバーすると予測**されています。値上がりの予定額としては月1~2円程度で、一人ひとりの負担額としては軽いですが、それでも思わぬところでインボイス制度導入によって私たちにしわ寄せがきているということになります。

インボイス制度によって電気代が上がるカラクリはこうです。

電力会社は、電力を国民へ売る際、消費税を上乗せして受け取っています。例えば、電力の価格が1万円だとすると、1000円の消費税を含めた1万1000円を受け取っています。

そしてその一方で、一般家庭などから、電気を買い取ることも行っています。**家庭の太陽光発電システムで発電した電気料金は基本的に、法律によって一定価格で電力会社が買い取る**形になっています。

現在、その法律に従って、電力会社は消費税相当額込みで、一般家庭から電気を買い取っています。仮に7000円分買い取ったとしたら、700円の消費税を上乗せして支払っています。

128ページの図でも解説した通り、消費税はもらった消費税から払った消費税を差し引いて納めます。

インボイス制度が始まる前までは、この700円分は、「仕入れ税額控除」という仕組みによって、電気を売った時に受け取った消費税と、電気を買った時に支払う消費税は相殺されているとみなされていました。

つまり、受け取った消費税1000円と払った消費税700円の差額分300円を支払えばよかったのです。

しかし、インボイス制度の導入後は、この仕組みが変わってしまいました。

「仕入れ税額控除」を使って相殺するためには、インボイス（適格請求書）が必要になってくるのです。つまり、一般家庭の方にもインボイス番号の申請をしてもらってインボイス（適格請求書）を発行していただかないと電力会社としては700円が差し引けなくなるのです。しかし、一般家庭がインボイスの申請をするとは考えられません。

免税事業者は、納税義務がない免税事業者のまま、つまり、インボイス制度に参加しない、ということになります。

そうなると、さきほどの700円分は納税しないこととなります。

電力会社から一般家庭に支払う額は、法律で決まっているため変えることができません。そして、「事業」として発電（売電）をしているわけではないため、**一般家庭はインボイス制度に参加する必要はありません**。

その結果、これまで1000円と700円の差額である300円だけでよかったにもかかわらず、一般家庭に支払った700円を含めた、1000円を国に納税する必要があるのです。

これまでと流通の仕組みはなんら変わりがないにもかかわらず、インボイス制度によって、余計に700円を支払わなくてはならない形になってしまいました。

そこで、電力会社は負担を増やしたくないため、そして**再生可能エネルギーの普及のために、毎月の電気料金に上乗せできる「再エネ賦課金」を値上げ**しようとしています。利用者である国民にも支払ってもらおうとしているわけです。

これが、「インボイス制度によって、一般家庭の電気代があがる」のカラクリです。しくみがやや複雑な上、値上がりの金額もわずかなので、あまり関心を持っていない人のほうが多いかもしれません。

とくに会社員の方だと、どちらかというと、取引先にインボイスを求めることが中心になっており、フリーランスの人と比べると「関係ないな」と思うことも多いと思います。

しかし、実はこのようにお金の仕組みが変わると、必ずどこかに影響が出てきます。お金と税の仕組みを理解しておくことに越したことはないのです。

税務調査の本当のところ

確定申告の申請が終わると、ホッと一息。やれやれ、と思いますね。

しかし、これらの書類を申請する時はあくまで受理されただけ。税務署で確認をしたうえで、何か必要が生じた場合、「税務調査」が入ることがあります。

ただ、基本的にフリーランスの方には税務調査はほとんど来ません。フリーランスで税務調査が入る割合は1%ぐらいといわれています。

その理由は売上金額が多くないことが関係しているためで、決して提出した確定申告の書類に間違いがなかったからというわけではありません。

ただし、フリーランスでも支払調書が出ているのに確定申告をしていない無申告の人や経費に明らかな不審な点がある人は税務調査に入られる可能性が高くなります。

また、年によって盛り上がりを見せているビジネス（ネット広告や民泊など）に積極的に調査が入ることもありますし、比較的所得が多く、申告もれの多い業種（経営コンサルタント、プログラマー、システムエンジニア、不動産仲介、風俗業）にも税務調査が入る確率は高いようです。もし、税務調査が来た時のためにも、領収書や売上の証拠はきちんと整理しておきましょう。

◎税務調査の2パターンとは

法人にしていると、フリーランスより税務調査が入る確率は高くなるようです。

私の事務所の顧問先には税務調査はほとんど来ませんが、それでも年に1、2度はあります。

その場合、私も立ち会いますが、なかなか気の重い仕事であることは間違いありません。

税務調査というのは2つのパターンがあると思っています。

1 何か掴んでいる調査

この場合、調査依頼の連絡があってから実施の日まで大体2週間以内で、現場に来る調査官は平の調査官と上席調査官（課長クラス）か、統括官（部長クラス）の2人組のことが多いです。そうなると何か問題があることは明らかなので、我々も慎重に過去の申告を見直します。

2 とりあえずちゃんとやっているか確認に来る調査

こちらの場合は、連絡があってから実施の日まで2週間以上空くことが多く、現場に来る調査官も平の調査官と事務官（調査官の下）だったり、上席調査官と事務官といったコンビが多いです。若手が一人で来ることもあります。この場合は、若手調査官の研修の意味合いも強いようです。基本的にはきちんと税務処理ができているかの確認の意味合いで調査されます。普通はこちらのタイプの調査が多いです。

通常、調査は2日間で行われ、初日の午前中は事業全般について社長や経営者本人にヒヤリングをします。とはいえ、1の調査は初めから何かを掴んでいるので、その端緒を探るような鋭い質問が多いです。そこで社長が何でもかんでもペラペラ喋ってしまうと「勝負あり」となります。

初日の午後と2日目はひたすら資料を確認され、付箋を貼られたりコピーを頼まれたりします。

一通りの調査が終わると、問題なしにせよ、修正申告になるにせよ、結論が出るのは1ヶ月から2ヶ月先になります。現場に来た調査官が報告を上げて、さらに審理部門、署長、副署長会議で決裁を受けてからになるためです。

◎ 万が一、調査が来たらどうする?

税務調査の結果、基本的には問題なし(「申告是認」)を目指すべきだとは思いますが、**ビジネスはきれいごとだけではありませんし、意図的かどうかは別にしても厳格に税法に照らせば問題ありになってしまうことは往々にしてあります。**

申告内容が間違っていた場合や、申告する必要があるのに申告していなかった場合は、追徴課税（本来払うべきものだった金額を納めること）にプラスして、ペナルティを支払うことになります。ペナルティは内容や悪質度合によって金額も変わってきます。

調査官はあくまで「法律に忠実に適合しているか」を調べるのが仕事ですし、極めて物事を杓子定規に扱います。そうなると、「脱税」とまではならなくても「申告もれ」として扱われてしまうこともままあります。

これは車の運転に似ていると思っています。安全に走行していると本人は思っていても、時として法定速度を超えてしまうこともあるでしょうし、車間距離が教科書通りあいていなかったり、一時停止のところできっちり止まっていなかったりすることもあるでしょう。運悪くそれが見つかり、法律違反といわれればそれに従うしかありません。**違反をした時は潔く対処することがポイントで、逃げ回っていても意味がありません。**

◎お金のやり取りをごまかせないわけ

ところで、皆さんの中には「ちょっとぐらい売上をごまかしてもバレないだろう」と思っていらっしゃる方もいるかもしれませんが、それは甘い考えです。

なぜなら、**お金のやり取りには、必ず2人以上の登場人物がいるからです。**

贈収賄だって渡す側と受け取る側がいるように、売上でお金を受け取る側と仕入れなどでお金を支払う側がいます。

例えば、受け取る側が売上をごまかして税金を抑えたいとしても、支払う側としては支払った分はしっかり経費にしたいので正直に処理します。ということは支払う側の資料と突き合わせれば必ず売上もれはバレてしまうのです。

ちなみに、贈収賄事件の場合、贈賄側と収賄側には時効期間の差があります。受け取る側よりも支払う側のほうが時効は短いのです。

捜査官から「あんた、賄賂贈ったんだろう? 贈賄はもう時効になったから罪に問わない。今からゲロっちゃいなよ……」などと迫られ、最終的に証言してしまうことで、受け取った側は摘発されてしまうのです。

ワニ先生の
お金コラム

4

よく聞く「〇〇万円の壁」フリーランスに関係あること・ないこと

フリーランスで働きたいけれど、あくまで配偶者の扶養内で働きたいと思っている人もいると思います。そんな時、よく聞くのが「〇〇万円の壁」という言葉。

いろいろな金額があって、紛らわしいのでここで一度整理をしてみましょう。扶養控除は配偶者以外にも適用できますが、ここでは配偶者に限って説明します。

まず、前提として押さえておきたいのが、フリーランスとパート・アルバイトでは金額が違ってくることがある、ということ。もう一つは、ひと口に「扶養内で働く」といっても、次の2つの意味があることです。

1・税法上の扶養――配偶者の所得が一定額以下の場合、扶養者の所得税や住民税が軽くなること。具体的には次の2種類があります。

配偶者控除：納税者本人の合計所得金額が1000万円以下でかつ、配偶者の年間所得が48万円以下の場合に適用。
配偶者特別控除：納税者本人の合計所得金額が1000万円以下でかつ、配偶者の年間所得が48万円超133万円以下の場合に適用。

2・社会保険制度上の扶養――扶養者が会社員や公務員の場合、配偶者の年収が一定以下であれば夫の扶養家族とみなされ、配偶者自身が保険料を支払わずに済むこと。

以上を踏まえたうえで、次の壁を見ていきます。

◎103万円の壁(税法上の扶養)

これは、1の税法上の扶養を狙う場合の金額です。扶養者の所得が1000万円以下で、配偶者の所得が48万円以下の場合、扶養者は配偶者控除が受けられます。「ん？ では何で103万円の壁なの？」と思った方もいると思いますが、パートやアルバイトなど「給与所得者」の場合、誰もが受けられる給与所得控除の55万円がありますから、年間の給与収入103万円（103−55＝48万円）までなら配偶者控除が適用される、というわけです。

では、フリーランスは？

フリーランスは年収から経費と控除額を引いた金額が所得でしたね。ですから、年収でなく、所得で見ないといけません。例えば、フリーランスとして1年間で160万円稼いだとします。青色申告の特別控除を65万円受けて、経費が55万円だった場合、160万円−65万円−55万円＝40万円が所得になるので、配偶者控除を受けることができます。つまり、フリーランスの場合は年収の壁というより、所得の壁になるのです。ちなみに、所得が48万円を超えても133万円以下であれば、配偶者控除でなく、配偶者特別控除が受けられます。配偶者特別控除の額は、フリーランス本人の所得合計額と、扶養者の所得合計額に応じて変動します。

◎ 130万円の壁（社会保険制度上の扶養）

こちらは、2の社会保険制度における扶養を狙う場合の金額です。会社員が加入する社会保険には、一定の要件を満たす家族は「被扶養者」として保険料の負担なく社会保険に加入できます。

社会保険の扶養は、パートやアルバイトであれば、配偶者の年収が130万円未満が基準となっています。フリーランスの場合は、年収を指す場合や、所得を指す場合もあり、扶養者が入っている健康保険組合によって異なるので確認が必要です。フリーランスは、扶養に入れない場合、自分で国民健康保険と国民年金に入らないといけないので、1の税法上の壁より影響は大きいかもしれません。

扶養から外れて働く場合は、最低でも年収あるいは所得が年間160万円以上を目指すと働き損にはなりません。そのあたりまで目指せる人は、年収の壁を気にせず、ガンガン稼いでください！

4章のまとめ

○ 確定申告をする時は支払調書をしっかりチェックし、源泉徴収税額はきちんと計上する。

○ 年末に請求書を出して、翌年入金されたものは、年内の売上に入れる。

○ 青色申告特別控除65万円を受けるためには、複式簿記による帳簿とe-Taxによる電子申告が必要。

○ インボイスを取得しても、しなくても、手取りは減ってしまう可能性が大。

5章 法人化のタイミングとその後

まずは法人化後のイメージをつかむ

個人事業を始めてみて、ある程度たったら法人化することもあるでしょう。これを「法人成り」といいます。

そこでこの章では法人化するタイミングや注意点、合同会社と株式会社の違い、M&Aなどについてお話しします。

◎いきなり独立起業したSさんのケース

最近では副業や社内起業なども含めた「独立起業ブーム」が起きているともいわれ、会社を退職してすぐに起業する人も少なくありません。そのような方は、あらかじめある程度の仕事があったり、出資してくれる人がいたりするので、初めから法人成りを目指す方もいます。

大手小売業チェーンでＦＣ事業や出店業務を担当していたＳさんは、50代で早期退職を選択し、小売業の新規出店を支援するコンサルティング会社を設立し、いきなり株式会社を作りました。その時点で社員はＳさんのほか、奥さんがパートタイムで経理を担当しているだけ。ゆくゆくは人を雇うつもりで、すでに小さなオフィスを借り、そこで会社の登記も行っていました。

知人の紹介で私のところに相談に訪れたのは会社を設立してまもなくのことで、初年度の税金手続きの相談にやってきました。

Ｓさんの話によると、すでにいくつか仕事を受注していて、事業を続けていくにはまだまだ不安がありましたが、当面は自己資金でやりくりできるとのことでした。

ただし、**もしもＳさんが会社を設立する前に相談に来てくれたとしたら、おそらく「ちょっと待ったほうがいいですね」とアドバイスしていたでしょう。**

一番気になったのは、独立して会社を設立する動機がはっきりしていないことでした。早期退職による退職金はもらえていたようですが、将来的な仕事の見込みはなく、甘い夢を抱いて会社を辞めてしまったのかな、と思わざるを得ませんでした。

実はSさんのようにやや行き当たりばったりで起業してしまう人は多いです。

仮に自分で事業を起こすにしても、いきなり法人化するのではなく、まずは個人事業でやってみても良かったかもしれません。

法人化したほうがいいのは「法人にしなければならない理由がある」場合です。

例えば、次のようなケースです。

・取引先が法人でなければ取引しないと言っている

・今後の仕事を考えると、相手にとって信用のおける法人にしておいたほうが

いい

・手伝ってくれる予定の人を社員にしたい
・新たな融資が必要
・個人でやってきたが、規模が大きくなってきたので節税が必要

所得税の面だけで考えると、本人の手取り（所得金額）がおおむね500万円を超えるようになると、法人にしたほうが有利になり始めます。

仮に1000万円クラスになるのであれば、文句なしに法人化したほうが税金面ではメリットがあります。

◎法人化が必要になるタイミング

要は「とりあえず法人を作りました」というのだけはやめたほうがいいということです。法人になれば公の経営組織として、天下のトヨタ自動車など大企業と同じさまざまな法律の扱いを受けますし、登記の費用や必然的に依頼しなければならなくなる

税理士への報酬、たとえ赤字であっても払わなければならない地方税と、何かと出費が増えます。

フリーランスにしろ、法人化して会社として事業を行うにしろ、一人で仕事を獲得し、案件を進めていくにはさまざまな困難が伴います。

企業に勤め、組織の中の一員として仕事をしていくのとは全く違う仕事のやり方がありますし、今までお話ししてきたように、お金の流れも違ってきます。

また、Sさんのような大企業にいた人によくありがちなのが、独立してすぐに事務所を構えてしまうこと。独立した証として、他人にも自慢ができる事務所を構えたくなる気持ちはわかりますが、**事業が安定するまでは固定費をなるべく抑えることは鉄則です**。

今は在宅勤務やリモートワークが普及したことで、大企業であってもオフィスに莫大な固定費をかける必然性はなくなってきました。フリーランスなら、自宅の1室をオフィスにすればいいですし、必要な時だけシェアオフィスを使うという手だってあります。

社員やバイトを早々に雇う人もいますが、人件費も固定費がかさむ大きな要因です。給料を払うことで、社会保障のコストもばかにならなくなります。手が足りないのであれば、初めから社員やバイトを雇うのではなく、業務委託で仕事をお願いしてもいいでしょう。

Sさんは「まさか会社運営がこんなに大変だとは思わなかった」と本音をこぼしていました。でもSさんの場合は、他人や銀行から借金をしたりせず、自己資金でスタートしていること、奥さんも理解があり、協力的であったことは幸いでした。

ご本人も「これから一から頑張っていきたいです」と前向きにおっしゃっていたので、私も税務面でしっかりサポートしていきたいと思いました。

◎会社の利益は経営者のものではない！

ときどき「法人化したほうが節税ができるって聞いたから会社を作った」と言っている人がいますが、ここも内容をしっかり見ないといけません。

節税を語る前に、そもそも法人化してお金を得るということはどういうことなのか、ということからお話ししたいと思います。

フリーランスが仕事をして、もらう収入はすべて個人の懐に入ってきます。各種の経費や税金はそこから支払うことになるので、収入のすべてを自分のお金として使うことはできませんが、それらを支払って余ったお金は自分のものとして使っていいことになります。

一方、**会社を設立して自分自身が社長になった場合、売上は会社に入金されます。そこから経費や税金、社会保険料などを支払うのはフリーランスと同じ。そして残った分が、会社の利益となります。**

フリーランスだったらすべてを自分のお金と考えてよかったのに対して、会社に残っているお金は当然ながら会社のお金。すべてを自分の思い通りに使っていいというわけにはいかなくなります。次の再投資の資金として活用することになります。

その過程で、社長に月々の役員報酬（給料）として決まった額が支払われることになります。

経済活動を行うという会社の目的を考えれば、会社にたくさんの利益を残して、再投資の資金を確保し、そこから株主への配当をすることが第一となります。

その利益を最大化するように株主がその経営を取締役（社長）に託す、というのが株式会社であり、その対価として社長をはじめとした取締役（役員）の給料額があるのです。

再投資の資金が確保できて、さらに株主への配当が十分に行えるならば、役員報酬を好きなだけ出していいということになります。

このように、法人経営はその時々で利益を最大化するように活動して、毎年の決算で納税をして再投資の資金を残し、そのうえで株主に配当して、次の決算に進みます。

会社というのはゴーイングコンサーン（事業を継続していくことを前提とすること）が基本で、永続的に利益を得ていく経営組織なのです。それには将来的な資金繰りも見据え、さらには経営者としての取り分（役員給料）もどうやって多くしていくかも、経営者としての腕の見せ所といえるでしょう。

しかしそう聞くと、なんだか大変そう、法人化して社長になるよりも、フリーランスのままでやっていたほうがいいのでは？　と思う人もいるでしょう。しかし、そう簡単に言い切ることはできません。

その一つがそうです、税金の問題です。

◎法人化したら節税できるわけ

フリーランスだと個人の所得税になるので、所得が増えれば増えるほど税金も上がる累進課税になるのに対し、法人税は所得が800万円を超えた場合は一定の税率が課税されるだけになります。

また、条件を満たせば、設立から2期目までは消費税納税免除を受けられます（ただし、インボイス制度の導入で、本来は免税であるが、インボイスを申請して消費税の申告をするという選択肢が出てきました）。

左の表のように、累進課税では、所得が増えれば増えるほど「手取り金額」は減らないものの、「手取り率」は確実に減っていきます。

最高税率になると儲け（所得）の45％もの所得税を払うことになります（さらに住民

▶ 法人税の税率

年間課税所得	中小事業者（各事業年度終了時において、資本金が1億円以下）		
	400万円以下	400万円超800万円以下	800万円超
表面税率	22.39%	24.86%	36.80%
実効税率	21.37%	23.17%	33.58%

▶ 所得税の税率

課税される所得金額	税率	控除額
1,000円から1,949,000円まで	5%	0円
1,950,000円から3,299,000円まで	10%	97,500円
3,300,000円から6,949,000円まで	20%	427,500円
6,950,000円から8,999,000円まで	23%	636,000円
9,000,000円から17,999,000円まで	33%	1,536,000円
18,000,000円から39,999,000円まで	40%	2,796,000円
40,000,000円以上	45%	4,796,000円

※平成25年から令和19年までの各年分の確定申告においては、所得税と復興特別所得税（原則としてその年分の基準所得税額の2.1%）を併せて申告・納付することとなります。

税もあります）。逆にいうと、せっかく儲けても半分くらいしか手元に残らないのは確かです。これでは、儲かれば儲かるだけ、税金を持っていかれるという感覚になってもおかしくはありません。

それに対して、**会社の利益（所得）にかかる法人税は800万円以下の部分が15％、それを超えた部分には23・2％の一定の率で課税されるので、儲かれば儲かったほど納税が多くなるということはありません。**

とくに年収900万円を超える場合、事業を組織化して会社法人にすれば、「儲けにかかる税金」は所得税よりも低く抑えられます。

◎本人の取り分も経費になる

個人事業では、自分の取り分は全額が所得税の課税の対象でした。**法人化すれば自分の取り分は役員報酬という経費に変わり、法人で稼いだ利益を圧縮することができます。**

役員給料を高くするとその分経費が増えますから儲け（所得）が減って法人税は少なくなりますが、社長自身にかかる所得税や住民税、さらに社会保険料も高くなってしまうのでバランスは考えないといけません。

ちなみに、従業員の給料は会社（社長）と本人との話し合いで決めますが、社長の給料は社長が勝手に決めるわけではありません。

まずは、株式会社であれば株主総会で社長をはじめとした取締役全員の年間の給料総額の上限が決められ、その後に取締役会の合議で、社長をはじめとして、それぞれの取締役の給料額を決定します。

合同会社の場合は出資した代表社員の合議で決定します。たとえ経営者であっても、好き勝手に決めることはできないのです。

もっとも、株主一人でその株主が社長をしている場合は、結果として社長の給料は社長一人で決めることになりますが、形としてはやはり、株主総会を開催して年間総額の上限を決議し（株主が一人であっても）、議事録を残す必要があります。

◎社長の給料はいくらにする？

では社長の給与はどうやって決めればいいのでしょうか。

大手の会社なら社長をはじめとした役員の給料は、経営管理報酬と労働の対価の2つの意味合いを込めて株主総会で決めますが、**中小規模の会社は大株主が社長である場合が多いので、金額は事実上、自分で決めることになります。**

社長自身が一番働くのですから、一番多くの給料を取りたいと思うのは当然ですが、業種や「家庭の事情」によって、現実的な決め方のパターンがあります。

① 定期的な設備投資が必要な会社

例えば、飲食店で一定期間が経過したら内装の模様替えをしたいとか、古くなった厨房設備を取り換えたい、あるいは製造業で一定期間が経過したら新しい機械を購入しなければならないような業種は、ある程度会社にお金を残す必要があります。社長が目いっぱい給料を取ってしまうと、それが実行できなくなります。場合によっては融資を受けることもあるでしょうが、会社に一定の内部留保があれば、融資も受けやすくなります。

②商品売買の会社

商品売買の会社は、まず最初に売るべき商品を仕入れる必要があります。「機会損失」がないように一定程度の在庫を持つ必要もあるでしょう。そのためには、設備投資が必要な会社と同じように、ある程度の資金を内部留保する必要があります。融資を受ける場合にも有利に働きます。

③それ以外の会社

個人事業主が法人になったような、基本的に社長一人の会社で、設備投資も在庫を持つ必要もない会社は、**原則として役員給料を目いっぱい取って、会社はあまり利益を出さないようにしたほうがいいでしょう。**法人税の支払いは最小限にします。ただし、役員給料は、法人税法の規定があるので、その金額についてはあらかじめ決めておく必要があり、年度の途中で儲かり始めたからと役員給料も途中で引き上げることは避けたほうがいいのです。

となると、**現実にはある年度は多い役員給料のせいで赤字になって、その翌年度は逆に少し役員給料を抑えて利益を出すといったパターンを繰り返すことになる**と思います。

◎身内を役員にすることも

役員給料を多く取ると、所得税・住民税・社会保険料は確かに高くなります。例えば給与年収が2000万円を超えると手取りは約半分になります。それなら少し給料を抑えて、法人税で払ったほうが出ていくお金は少なくならないかと思うでしょう。確かに、「社外流出」を考えるとそうなのですが、給料の形か配当の形でしか会社から個人へはお金の払い出しはできませんので、何を重視するかでこの選択は決まると思います。

また、給料というのは基本的に生活費に充てるものです。

そこで、**例えば社長の奥さん（配偶者）を役員にして奥さんにも給料を払うことが考えられます**。

ここで「奥さんを役員にして」というのは、ただの従業員だと給料額は「労働の対価」で決まりますから、相応の働きがなければ相応の金額の給料を払うことはできません。

これが役員となると労働の対価のほかに「経営管理報酬」という役割ができますから、事実上、働き以上に給料を払うことができます。もちろん、経営に参加することが必要です。

そこで、生活費の一部は奥さんへ支払う給料で賄うということも考えられます。さらに給料を2人に払うことによって、ここまで税金はかけませんという基礎控除額が2人分になり、相対的に1人分の給料額も低くなりますから所得税・住民税・社会保険料も少なくて済みます。

しかも、直接お金が奥さんに移ることから将来の社長の相続財産も大して残さずに奥さんが自分のお金として貯蓄することもできます。

ただし、奥さんが仮に従業員という身分で給料をもらう場合は、その金額は「他人だったらいくら払うか？」を基準に考えなければなりませんし、毎月一定額を支払う方法でないと、法人税の計算で余計な法人税がかかることがあります。

なお、こういった社長の奥さんを役員にするケースというのは、**たとえ従業員であっても法人税法上は「みなし役員」となって、ボーナスなど毎月一定額の給料額を超えた給料は法人税の計算において「経費（損金）」と認めてもらえない**ので注意してください。

利益の本質をきちんと捉えよう

「あの会社は年商1億円だ」「あの人は年収1000万円あるらしい」などといった話を聞くことがありますが、この「年商」や「年収」とは何を指しているのでしょうか？

年商は、個人事業主または企業が商品やサービスを提供することで得られた1年間の売上高を指します。月単位の売上高なら月商になります。

◎年商でわかるのは事業規模だけ

年収とは、主に個人が1年間に得た収入の総額を指します。会社員の場合は、税金や社会保険料などが天引きされる前の金額です。

個人事業主の場合は、1年間の売上（年商）から諸経費を引いた利益分が年収ということになります。

年商は単価が大きいものを扱っていれば自然と大きくなりますが、必ずしもそれにつれて利益金額が大きくなるわけではありません。年商1億円でも経費に9000万円使っていれば年収は1000万円になります。

例えば「パチンコの景品店」の場合、個人事業主でも売上高が数十億円になることもありますが、仕入れ金額も数十億円となって、利益でみれば数百万円というところもあります。

◎利益はどうやって見る？

2章では節税より利益の確保が大事と書きましたが、会社でも同じです。そもそも、「利益」とは何でしょうか？

この話は事業規模が小さいうちはあまりピンとこないかもしれませんが、事業規模の大小や種類を問わず、ビジネスを成長させていくために大事なことなので、ここで一度整理してみましょう。

まずは利益の大本となる売上について考えてみましょう。

「売上」とは商品やサービスを提供することによって得られる金額です。

この売上からさまざまな「経費（費用）」を控除したものが「利益」となります。この利益も控除する項目によっていくつかの種類があります。

まず、売上から原材料費や販売手数料など、売上に連動して金額が変動する変動費

▶利益の中身

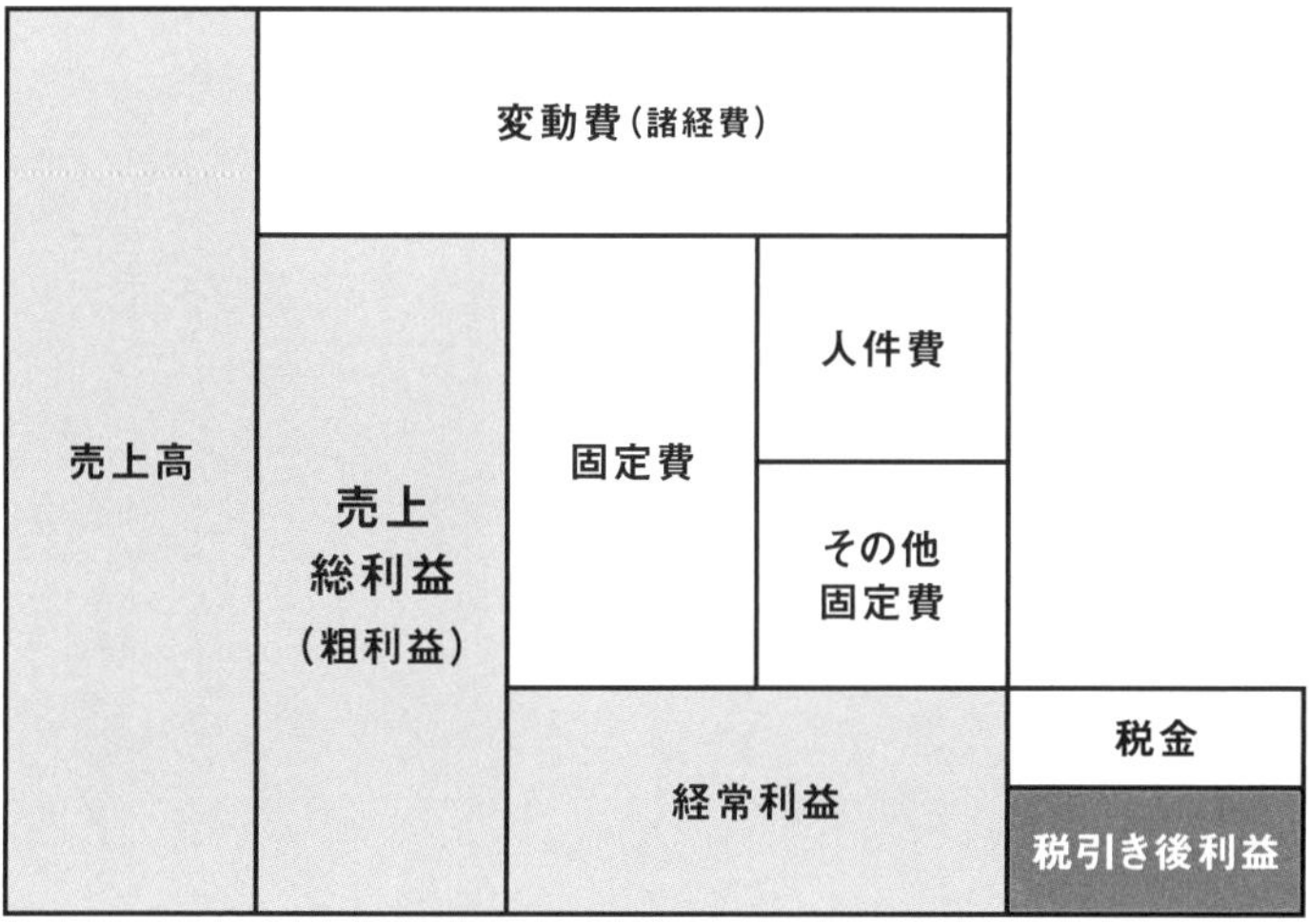

売上高

変動費（諸経費）

売上総利益（粗利益）

固定費

人件費

その他固定費

経常利益

税金

税引き後利益

を引いたものが「売上総利益」になります（「粗利益」ともいいます）。

そこから家賃や人件費など、毎月必ず固定的に発生する固定費を引いたものが「経常利益」になります。

上の図を見てわかる通り、「売上高」から、ビジネスを行うためにかかったいろいろな必要経費を引いたものが「経常利益」、つまり「儲け」ということになるわけですが、改めて上の図を見ると、**全体の売上を増やすことはもちろん大事ですが、それ以上に経費を抑えることが利益を増やすことにつながることがよくわかると思います。**

さらにこの「経常利益」から税金が引か

れ、最終的に手元に残る利益（税引き後利益）が確定します。

まとめると、利益を増やすためにやることは基本的に2つだけ。**「売上を増やす」ことと、「余分な経費を抑える」ことです**。当たり前といえば当たり前ですが、意外とこの原則を忘れている経営者の方は多いです。

私は今まで多くのフリーランス・経営者の方を見てきましたが、規模の大小にかかわらず、うまくビジネスを回している方ほど経費に敏感です。

1万円稼ぐことも1万円使わないことも同じように利益を増やすことにつながる、というお金の感覚がしっかり身についているからでしょう。

◎原価率をきちんと把握する

飲食店や物販をされている方なら、もう一つ注目したい数字があります。

それが「原価率」です。利益と売上の関係を原価と売上の関係で見ただけですが、売上高における原価の割合を示す数字です。**飲食店であれば、メニューに対する「材**

料費」になります。

原価率が高すぎると、たくさん売れても利益が少なくなります。かといって原価率が低いと、それに見合った価値の提供ができなければ消費者離れにつながる可能性があります。売上総利益を確保するためには、売上高と売上原価のバランスが大切です。

原価率は次のように出します。

原価率(%)=原価÷売価×100

あるパーティで、洋菓子店の店長さんと知り合う機会がありました。聞けば、おいしいと評判でお客も増えていて売上も毎年伸びているのに、なぜか毎年赤字になってしまうといいます。話の流れで後日、決算書をみせていただくことにしました。

その方が持ってきた損益計算書をそのまま眺めると原価率は3割となっていました。これなら余分な販売費や一般管理費を削っていけば黒字にできるのではないかと思いました。

しかし、決算書などでその内容を細かく見てみたら、原価率は3割どころじゃなく、6割にも達しました。本来、「製造原価」に記載すべき項目が販売費および一般管理費に記載されていて、その項目をすべて「製造原価」に移動させてみたら、原価率は6割にも達していたのです。これでは単に経費を節約すれば黒字化が図れるわけではなく、商品のラインアップや原材料の取捨選択まで踏み込まないと、とても黒字にはできません。

その店長は決算書に全く関心を持たず、税理士に任せっきりにしていました。かといって税理士が一方的に悪いかというとそういうわけでもありません。税理士の「本業」というのは、基本的に税金の計算であり、決算書を作成するにも基本的には納税額しか関心を持たないのも確かです。

税法等に照らして個々の項目の内容（勘定科目）の吟味はしますが、その店の特徴をとらえてその項目をどこに掲載すべきかをあまり気にしない税理士がいることも確かです。

簿記の知識のない方にはわかりにくいかもしれませんが、本来は、製造原価に載せるべき経費が販管費に計上されていたので、売上総利益はそれなりに確保できているように見えたのです。実態は「原価割れ状態」でした。これでは、売れば売るほど赤字も増えていきます。

一般的に飲食店では原価率30%が標準的といわれますが、実際にはお店のジャンルや形態によってさまざまです。原価率を下げるのは基本的にはとても難しいのですが、価格の設定をよく考えて、高い原価率でも繁盛しているお店もあります。

業種によって適正な原価率は違ってくるので、自分の会社はどのようなコンセプトで経営するのかをよく見極めて、同業他社を研究したりして、適正な原価率を考えることが結果として利益を上げることにつながります。

法人化した時に気をつけたいお金の管理

法人を設立すると、フリーランスと同様、税務申告をする必要が出てきます。違いとしては、個人の所得税の確定申告は、12月締めで固定されていますが、法人は決算日を自由に設定することができます。法人税の確定申告・納付期限は「その決算日の翌日から2ヶ月以内」です。

税務申告書の作成をするには法人の場合は提出すべき書類が多く、素人には正直難しいです。そのため税理士に依頼することが多くなると思います。

税理士に依頼するということは報酬を支払うことになりますが、決算だけをお願いするのか、毎月の経理処理をお願いするかで費用も違ってきます。

◎社長は経理を他人に任せっきりにしてはダメ

経理処理そのものはまずは社内で行うことになります。経理処理といっても帳簿をつけることだけでなく、その前の資料の整理があります。

私は今までいろいろなスタートアップを見てきましたが、総じて経理処理がいい加減なところが多い印象です。**端的に言うと、使ったお金の記録、入ったお金の記録がきちんとされていないのです。これは、社長に簿記会計の知識があるかどうか以前の問題**です。

事業開始直後は人手がないため、社長や代表自らが経理をしなければならないことも多いでしょう。しかし、その時期は売上を上げていくための活動に忙しく、日々の経理業務は疎かにしがちです。

そもそも経理業務に対して意識が低い社長は多く、人を雇うにしても経理担当者は一番後で、雇ったら雇ったで経理処理をその人に任せっきりにしてしまいがちです。

経理担当者にしても、任せっきりにされるのは困るのです。

なぜかというと、スタートアップの場合、どこの会社と、どんな取引をしているのか、といった会社の状況を把握しているのは社長だけ、という場合が多いからです。社長も参加して処理しなければならないのです。

以前、医療系のスタートアップの税務業務を請け負ったことがありました。最先端の機器を取り入れて、病気を解析するビジネスだったのですが、この会社には当初経理担当がおらず、とにかく資料がぐちゃぐちゃでした。その後、経理担当として人が来たのですが、この担当は経理の経験がほとんどなかったうえ、社長からの指示も何もない状態。仕方なく私が「資料はこうやってファイルにしてまとめてください」と指導したことがありました。

この会社とはその後、顧問契約を解消してしまったのですが、やはり**いくらビジネスの内容が良くても社長の経理に対する意識が低く、実際に管理が杜撰では会社もうまく回らないし、経営に伴走していく税理士としてもモチベーションが上がらない**ことをつくづく実感した事例です。

◎社長の側近には経理担当者を置こう

私は社長の側近は、本来は経理担当者であるべきだと思っています。

日々のお金の管理をすることはもちろん、社長の動きや頭の中を共有しながら、時には経営的なアドバイスもできる。そんな人が経理にいれば、会社経営は盤石になります。経理をやる人は会社の「数字」を把握しますから、ひいては会社経営のアウトラインも見えてくるのです。

とはいえ、そのような人を見つけるのはなかなか大変でしょう。特に**クリエーター系の人が独立して会社を作ると、似たようなクリエーターは周りに集まってきやすいのですが、経理のプロはなかなか来ません。**

ライターやデザイナーなど比較的経費が少ないフリーランスであれば経理担当を置く必要はないと思いますが、ある程度お金の出入りが増えてきたり、会社組織にしたら、まずはパートでもアルバイトでも業務委託でもいいので、領収書や請求書をきちんと管理し、入金と出金記録をする、つまりお金の動きを管理する人を置いたほうがいいでしょう。

いずれにせよ、起業を考える場合は、経理体制をどうするかは、早いうちから考えておいたほうがいいでしょう。

今は経理の記帳をはじめ、さまざまな社内業務をアウトソーシングできる専門業者もありますが、代行料は意外と高額です。安いところは安いなりのことしかしてくれませんから、かえって高くつく場合も多いものです。

とくに起業したばかりの頃はお金はなるべく使いたくないので、できることは自分でやったほうがいいでしょう。少々面倒でもそのほうがいろんな仕組みがわかります。仮にアウトソーシングを依頼するにしても、仕組みをある程度知ってからのほうがうまく活用できます。

どうしても手が足りないようでしたら、税理士に一部を依頼することも一案だと思います。こういう「お金に関する作業」は最終的には決算書や税務申告書を作成することにつながるわけですから、情報は一元化したほうが効率がいいことは確かです。

コストの問題があるなら、自分でできる範囲と税理士に依頼したほうが良い範囲を取り決めて交渉すればいいと思います。

◎ 税理士との付き合い方

ではどうやって税理士を探したらいいでしょうか?

今時はやはり、ネットで探すのがポピュラーなのではないでしょうか。しかし、ネットで婚活する難しさと同様に「相性」というのがあります。

これは税理士の側からしても同じです。**相性というのはズバリ「円滑にコミュニケーションがとれる相手かどうか」ということに尽きる**と思います。

資料が完璧にまとまっていて、ほとんど質問や疑問がないなら特にコミュニケーションをとらなくても申告書の完成まで行けるでしょうが、普通は大なり小なり、何かしらのやり取りがあります。この時にお互いにストレスなくコミュニケーションをとれるかどうかが、相性が良いかどうかとなるのでしょう。

ネットで探すほかには、地元の「税理士会」に相談すると何人かをピックアップして紹介してくれます。そのほか、仕事仲間や友人が依頼している税理士を紹介してもらうのもいいでしょう。

ビジネスをやるうえで「お金が絡むこと」には必ず税の問題が絡んできます。ここをしっかり押さえておかないと余計な税金がかかったりします。それをあらゆる面から考えられるのが税理士です。

つまり、**せっかく税理士と顧問契約を結ぶのであれば、税の申告以外にも頼りになる税理士に依頼したほうがいいかもしれません。**そのうえで、しっかり活用をしたほうがいいでしょう。

また、税理士事務所には税理士以外の一職員に仕事を任せっきりにしているケースもあるので注意が必要です。こういう職員が必ずしも悪いわけではありませんが、こちらが要求する資質が備わっている職員かどうかは見極めたほうがいいでしょう。

▶株式会社と合同会社の違い

	株式会社	合同会社
意思決定	株主総会	社員総会
所有と経営	原則完全分離	原則同一
出資者責任	間接有限責任	間接有限責任
役員の任期	最長10年	任期なし
代表者の名称	代表取締役	代表社員
決算公告	必要	不要
定款	認証が必要	認証は不要
利益配分	出資比率に応じる	出資比率によらない
設立費用	約18万円〜	約6万円〜
社会的信用度	高い	株式会社よりは低い

◎株式会社と合同会社の違い

最後に株式会社と合同会社の違いを簡単に紹介しておきます。

株式会社とは、株式を発行して複数の人から「資本」となるお金を出資してもらうことで成り立っています。

経営者は、株主による「株主総会」で選出されることとなります。

原則からいえば、会社とは経営を行う人の所有物ではなく、株主の所有物です。これが「所有と経営の分離」です。ただ、中小零細規模では経営者自身が株主になったり、経営者の家族や親族で占められるため、事実上、株主と経営者が一体化しているケースが大半となっています。

もう一方の「合同会社」とは、2006年に施行された会社法で認められた形態で、出資者と経営者が一体となっています。つまり、会社は経営者の所有といえる仕組みです。経営の意思決定には出資している社員全員が関わることができます。

仕事の内容に関しては、株式会社であっても合同会社であっても、大きく変わることはありません。

かつて株式会社設立には資本金1000万円以上が必要とされ、起業するにもそれなりの蓄えがなければいけませんでした。しかし**現在は、両者ともに資本金1円から設立が可能です。**

ただし、設立時に必要な登録免許税などの諸費用を比較すると、株式会社よりも合同会社のほうが安くなります（株式会社は30万円ぐらい、合同会社は10万円ぐらい）。

さらに、株式会社のほうが法律の規制も多く、手続きは複雑になります。手続きを簡単に済ませたいのであれば、合同会社のほうがいいでしょう。

ただし、その分、社会的な信用度にも差が出てきます。株式会社であれば、投資家から資金を調達することもできます。

一方の合同会社は、設立の際にかかる法定費用が株式会社よりも安いという点が大きなメリットとなります。

合同会社は役員の任期がないので、経営者にとっては非常にやりやすい制度だといえるでしょう。

合同会社は基本的には中小零細規模の会社向けといえますが、大きくなっていけないわけではなく、大企業並みの規模の合同会社も存在します（例／アマゾンジャパン合同会社、合同会社西友）。

両者を比較した場合、**経営者自身が自由度を保って経営をしたいのであれば、合同会社、資金調達を行って事業規模を拡大したいと思うのであれば、株式会社のほうが適しているといえるでしょう。**

個人事業をM&Aするという選択

フリーランスが起こした個人事業の発展形としては、自分自身で会社を設立するほかに、M&A（合併や買収）というやり方も考えられます。

法人同士のM&Aであれば「株式譲渡」が基本となりますが、個人事業なら「事業譲渡」という形をとることになります。

法人企業同士でも、特定の事業だけを切り離して事業譲渡し、元の会社本体を存続させるといったスキームは存在します。近年は、大手家電メーカーやホテル、百貨店チェーンなどが不採算部門や施設・店舗を他社に事業譲渡し、のちに業績回復を成し遂げたなどの例がありましたが、**不採算部門の整理に限らず、スタートアップ企業などが将来性豊かな事業を売却し、多額の利益を手に入れるケースもよく見られます。**

◎事業譲渡のための条件

譲渡する事業は、最低でも「ヒト、モノ」が十分に整っていることが前提です。ヒトとは従業員。モノとは売上先などの事業そのものです。**基本的には継続的にきちんと利益が上がっていることが前提となりますが、将来的に大きな収益が見込めるものであれば可能性はあります。**長期的な視点での資金繰りと収益の予測をしっかり立てておくことは、ここでも重視されるでしょう。

M&Aを行う際には「デューデリジェン

ス」（企業の経営や財務状況の調査）が必要になります。ただし事業譲渡の場合は「企業価値」ではなく事業単体の価値を算定することになるでしょう。

事業譲渡するためにはまず、価値を正しく算定できる事業であるかが問われます。一般に、**アクセス数の多いドメインを有しているIT事業や飲食・販売・サービスなどの店舗事業、独自のビジネスモデルを持っている事業であれば、評価がしやすくなります。**

逆に、執筆やデザインなど、属人的なクリエーティビティが要求されるような業種は算定も難しくなります。譲渡したのちも、本人がその企業に所属して事業に携わることはできますが、人の能力に依存した事業運営でなく、他の人が事業を行っても利益を上げることができることが重視されます。

実際にM&Aが行われたとたん、それまでの顧客やユーザー、ファン層が離れてしまったというケースはこれまでにもたくさんありました。事業譲渡するのであれば、そうならないようなノウハウやシステムを構築し、新たな担当者への引き継ぎや教育・訓練も必要になってきます。

◎ 事業譲渡の際に気をつけるべき点は？

ただし、譲渡する事業が許認可の必要なものであった場合、「事業譲渡」では原則として引き継ぐことはできません。許認可がなければ営業できない飲食店などの事業では、譲渡先で必要な許認可を取っていればいいですが、取っていない場合は再取得が必要になります。この点は、あらかじめ確認をしておきましょう。

また、**フリーランスの場合では、仕事上必要な資産と個人資産が混同しているケースもよくあります。** 事前に仕事とプライベートの資産を切り分けておく必要も出てきます。

自宅兼オフィスや個人の不動産などを仕事に活用している場合は、すべてを譲渡すると費用もかさみます。その場合には、元の所有者が譲渡先に賃貸するなどの契約を結ぶことで、譲渡の費用を抑えたうえ、その後も賃貸料として経費に組み込むことができます。

税理士や弁護士といった士業では比較的ポピュラーになってきた事業譲渡ですが、事業をすべて譲渡して本人は手を引く形と、事業そのものは譲渡するが引き続き譲渡した本人が事業に携わる形態もあります。

前者の場合は個人事業でも「退職金」のようなものを得られて、安心したリタイアが可能となるでしょうし、後者の場合は安定した経営基盤でより安心して事業を継続できるというメリットがあります。

とくに「人材」の面では、昨今の人手不足、労働力人口の減少により個人事業では若くて優秀な社員の獲得はとても困難な状況になってきました。優秀な人材はより経営基盤の安定した大きな会社に就職する傾向が強くなっています。

確かに働く側の自己実現や従事できる仕事の範囲は、小さな事業所に比べれば格段にその可能性が広がります。譲渡した側も自分の事業所の経営から解放され、人材に限らず、資金繰りや仕事のリスクから解放され、のびのびと仕事が継続できるようになると思います。

5

いよいよ法人化！会社と認められるためにやるべきことは？

法人化することを決めて、会社名を決めることは起業家に与えられた楽しみの一つ。でも、会社名を決めただけでは世の中から会社と認められません。会社登記が必要になります。ここではポイントを絞って紹介します。

● **定款を作成する**

会社を始める時にその会社は何をする会社なのかを規定したものが「定款」といわれるものです。これは会社の登記をする時に必要なのでガイドブックやネットで調べたり、税理士・司法書士のアドバイスを受けてきちんと作成しましょう。中でも、特に注意を要するのが①会社の本店住所、②決算期、③会社の目的です。

・代表印をつくる

会社の各種手続きに必要な印鑑。銀行印としても使うことができます。会社の登記と同時に印鑑登録も忘れずに。

・公証人の認証を受ける

定款ができたら、会社登記の前に会社の本店を置く都道府県の公証人役場に提出し、公証人から認証を受けます。現在はペーパーレスの「電子定款」も認められています。認証後に間違いが見つかるなどで修正が必要になると、手続きも大変になります。認証前にしっかり内容チェックを。

・資本金を振り込む

会社設立前の段階では、まだ会社名義の銀行口座はありません。発起人の個人口座に資本金を振り込みます。振り込みが済んだら、当該の通帳の表紙と表紙裏、その振り込みが記載されたページのコピーを取っておきます。現に口座に入金があったことを示す「払込みがあったことを証する書面」を作成しておきます。

● **いよいよ会社登記**

申請すべき書類が揃ったらいよいよ会社登記です。書類は法務局へ提出、またはオンラインで申請もできます。法務局へ提出するのであれば、同時に会社の代表印の印鑑届もしておきます。

● **個人事業を廃業する**

これで法人化の手続きは完了。忘れてならないのは、フリーになった際に提出した個人事業に関する手続きの後始末です。税務署で「個人事業の開業・廃業等届出書」を提出し、廃業します。期限は事業廃止から1ヶ月以内。消費税課税業者であれば「事業廃止届出書」を提出します。青色申告をしていた場合は「所得税の青色申告の取りやめ届出書」を、事業を取りやめる年の翌年3月15日までに提出します。

ここでひとまず法人化は完了したことになります。

最後にもう一つ。事業者として健康保険や厚生年金などの社会保険の手続きや労働保険の届け出なども忘れずに。たとえ一人社長であっても社会保険の加入は必要です。

5章のまとめ

○ 法人化する時は、法人化しなければならない明確な理由を持つべき。

○ 法人化して自分に給料を出すと、その分も経費にすることができる。身内を役員にする方法も。

○ 会社を成長させるためには単なる売上だけでなく、利益の中身をしっかりチェック。

○ 税理士と契約をするなら、税金の申告だけでなく、いろいろなお金の相談に乗ってもらう。

6章 長くフリーランスを続けていくために

フリーランスになる前に考えておきたいこと

会社員からフリーランスになりたい、という方の相談を時々受けることがあります。**私がまず確認するのは、ほとんど仕事が入ってこなくても1年程度暮らしていけるぐらいの資金があるかどうか**、ということです。資金がないままフリーランスになると、営業に奔走し、どんな仕事でも受けざるを得なくなって、お金にも気持ちにも余裕がなくなってしまいます。そのほかにも、フリーランスになる前に、次のようなことに気をつけておくといいでしょう。

◎ フリーランスになったら自分が商品

会社にいる間は、はっきり言って会社の名前で仕事をしています。あなたの名前で売上が上げられるわけではありません。フリーランスになったり、起業したりしたら、売上はすべてあなた自身の力で作っていかなければなりません。**いわばあなた自身が「商品」になるのと同じです**。ですから、会社にいる間に少しでも「あなた自身の存在」をアピールしておきましょう。そのうえで、可能なら会社に迷惑がかからない程度に「独立したら宜しくお願いいたします」と顔繋ぎをしておきましょう（もちろん、社長や上司の許可を取ったうえで）。

ただし、就業規則に「競業避止」という、退職後一定期間は同業の仕事をしてはいけない旨の規定がある場合は、会社にいる間はあなたが独立して始める会社について、おおっぴらに営業活動をしてはいけませんし、退職後も似たような仕事につくことは避けなければなりません。

◎ リアルでの人脈が大事

ビジネスはいろいろな人との関係で成り立っています。黙っていては仕事はやってきません。元々、知人や友人が多い方なら良いのですが、そうでない場合でも地道に知り合いを増やしていくしかありません。

私自身、最初は顧客を広げるのに苦労した時期がありました。お金を払って紹介会社に登録したこともありますが、**意外と強かったのが、リアルな場での繋がりです。**

私は趣味でテニスサークルに入っていたのですが、そこでさりげなく税理士であることを話したところ、そのサークルにいたフリーランスの方の何人かは私の顧客になりましたし、そこから紹介された方も多かったです。

会社員でとくに肩書きが付いていた人ほど自分をアピールしたり頭を下げたりすることが苦手なようです。フリーランスになったらそんなことは言っていられませんから、いろいろな勉強会に顔を出したり、時には飲み屋さんでお店の人に話しかけて宣伝してみたりするのも、営業のトレーニングになるはず。

ただ、巷に多くある「異業種交流会」のようなものは、その主催者以外はあまりビジネスには結びつかないようです。しかし、知らない人に話しかけるトレーニングにはなると思いますので、そのつもりなら積極的に行ってみるのも良いかもしれません。

SNSを活用するのももちろん大事ですが、まずはリアルな場で人脈を広げることです。

◎ 家族の協力が大事

独身の方なら割と融通がきくと思いますが、**結婚している方だと生活サイクルや収入が激変することがあり、その影響は自分だけでなく、家族にまで及びます。**

とくに男性は奥さんの協力がないままに会社員を辞めてフリーランスになったり、起業したりすると後悔するケースがしばしば見受けられます。調子がいい時はいいのですが、壁にぶちあたった時、ただでさえ孤独になってしまうのに身近にいる人にまで「だから言ったじゃない！」と追い討ちをかけられ、いよいよ孤立してしまうのです。逆に「経理ぐらい手伝うよ」と奥さんに言ってもらえるような関係だとうまくいくことが多いです。

女性の場合は、フリーランスになる時の状況にもよりますが、ご主人には黙って見守ってくれればいい、という人も多いです。起業する方だと最初の資金援助だけお願いしている方もいました。いずれにせよ、**一人で決めるのではなく、家族にはきちんと相談し、いざとなったら協力してもらえる体制を作っておきましょう。**

フリーランスや経営者が持ちたいリスク管理

会社に守られている会社員に比べ、フリーランス、自営業の人は「保障」がほとんどないので、自分で自分の身を守らなければなりません。

今、事業が順調な人も、これからも何事もなく順調に進むものだと悠長に考えている人はいないでしょうが、一歩進んで、積極的なリスク管理はしたほうがいいでしょう。

◎ 不慮の事故や病気で仕事ができなくなったら……

定年を迎える前であっても、不慮の事故や病気で仕事を続けることができなくなることはあります。

会社員であれば傷病手当金の支給もあるでしょうし、勤務中のけがや疾病で一定の基準を満たせば「公傷病休暇」が認められ、休業中の収入なども補償されますが、フリーランスの場合、基本的にこうした補償制度はありません。

仕事を休んでしまえばとたんに収入がなくなりますし、しばらく休んでから仕事を再開したとしても、今までやっていた仕事にそのまま復帰できるとは限らないのです。

これはフリーランスにとって大きなリスクになります。**そうした時に役立つのが、「所得補償保険」です。**

各保険会社などでいくつも保険商品が出ていますが、けがや病気で仕事を休んだ場合には一定期間の収入を一定程度まで補償してくれます。

◎ いざという時に慌てないリスク管理

そのほかにも、次のようなリスクがあります。このようなことが起こっても慌てないで済むように、いつもバックアップを考えておきましょう。何よりも**「何が起こるかわからない」ことをいつも頭におき、想定外のことが起こっても「そう来たか」と思える心構えが必要**です。

1　取引先倒産のリスク

これを避けるためには、**まずは取引先を1社にせず、売上の分散をすることが必要です**。これは取引先が倒産まで行かなくても、何らかの事情で取引が終了してしまった時のリスク回避にもなります。できれば業績が好調な時に準備しましょう。また、売上代金の入金が少しでも遅れ出したら、直ちに問い合わせをするなどのアクションを起こしましょう。

2　従業員退職のリスク

店をやっていたり、会社経営で人を雇っている場合、意外と深刻な影響を及ぼすのが、有能な従業員の突然の退職です。または病気やけがでの突然の長期欠勤。**一時的に経営者や他の人がバックアップできるように、経営者や幹部は最低**

限の現場の仕事を忘れないようにしておきましょう。有能な人というのは欲しい時にすぐ見つかるものではありません。社員を雇うのであれば、これはと思う社員をじっくり時間をかけて育てることも必須です。

3 災害のリスク

これはある意味で避けようがありませんが、警備保障会社を活用するとか、常に備蓄をしておくとか、できることはしておきましょう。**重要なのは「起きてしまってからの対策」です。そして、不慮の災害は必ず起こりうると常に思っておくこと**です。

4 健康のリスク

長く安定的に仕事を続けていくために何よりも大切なのは健康です。**フリーランスは、自分で仕事を獲得する必要があるので、体調を崩すとダイレクトに収入の低下につながってしまいます。**会社員のような有給休暇もないので、自分自身でしっかりと健康管理をすることが大事です。また、これも**「もし健康を害して**

しまった場合にどうするか？」という対策を考えておくことも必要です。生命保険や傷害保険を整えるとか、業務を分散するとか、重要な事項は記録簿を作っておくなどをしておくことも大事です。私自身は仮に自分が3ヶ月入院しても業務が停滞しないように同業者との連携や従業員への一部権限移譲とか緊急時の連絡先等を整えておくなど仕組みを考えています。

いずれにしてもこれらのリスクが生じてもなんとか事業が続けられる鍵は「潤沢に現金預金を持つ」ことです。言うまでもなく、事業というのは資金さえあれば赤字だろうが開店休業だろうが続けられます。

近年の大災害やコロナ禍で事業を継続できるかどうかの明暗を分けたのも、「使える資金がどれだけ確保できていたか？」でした。何をおいても余裕資金を蓄えておくようにしましょう。

フリーランスで伸びていく人の特徴

税理士は税務のお手伝いはできますが、売上を上げるお手伝いまではできません。しかし、お客さんの売上が毎年伸びているのを見ると嬉しいものです。最後に、そのような売上を伸ばしているフリーランス・起業家の特徴を挙げてみます。

◎「強い立場の下請け」を目指す

フリーランスをやっていくうえで何よりも大切なことは長くやり続けることです。長く事業をやっていく中では、もちろん収入の波もあるでしょうし、コロナのような不測の事態に直面することもあるでしょう。そのような中でもうまく切り抜け、事業を拡大している人はどこか「覚悟」がある人のように思っています。

フリーランスや中小・零細企業の方は基本的に「下請け」の仕事が多くなります。下請けの立場はしっかりと仕事さえすれば、特に営業活動をしなくても定期的に仕事が回ってきます。その反面、元請けの都合で金額を値切られたり、厳しい納期を迫られたり、場合によっては突然仕事を切られたりするリスクもあります。

とはいえ、今の仕事もいろいろな経緯があって得ることができたのでしょうし、簡単に「下請けを脱却しましょう」ということはできません。

製造業の中では自分たちが意識していなかった技術を活かしてオリジナル商品を出してみたところ、大当たりして見事に下請けから脱却したところも少なくありません。例えば、下請けで鋳物製品を作っていた零細企業が耐熱鍋を作ってみたところ、熱効率が良いと評判になり、それが本業になった会社もあります。少なくとも「強い立場の下請け」になることを目指しましょう。要するに「あなたにぜひお願いしたい」「あなたの会社がないと、うちの仕事は無理」と言わしめる立場になることです。

なかなか難しいことだとは思いますが、**改めて「自分（自分の会社）の強みは何か」ということを洗い出してみることも大事ではないでしょうか**。そのうえで、さらに研鑽を積んでいけば他と差別化できる立派な強みが得られるはずです。

◎時には「投資」も必要

5章で述べたように、今は法人を作ることが比較的簡単にできるようになりました。しかし、ひとたび会社を作るとなったら、実質的には一定の金額の資本金は必要になります。そう、どんなビジネスにしろ、事業のはじめには「お金」は必要なんです。

「事業」とはお金を投資して運用し、後に投資した以上のお金を回収するというプロセスをたどります。さらに、回収したそのお金を再投資して次の回収を図っていく。

例えば、お店をやるなら最初の資本金はお店作りや、商品の仕入れ、加工するうえでの製造費や人件費に充てます。晴れて通常営業ができるようになったら、その売上の種を他人に引き渡し、現金商売ならその日に、そうでない場合は一定の期間の後に「売上代金」が入ってくるわけです。

こうして考えると、**事業というのは、証券会社で株を買って値上がり益を期待するのと基本構造は同じで、「先にお金を使って、あとで回収」する仕組み**なんですね。

ネットビジネスなど、今は初期投資がほとんどいらないビジネスもありますが、全く資金がないままだと、たとえ始められてもすぐに資金繰りに苦労し、それが後々まで尾を引くこともあります。その結果、失敗の憂き目に遭うことになってしまうかもしれません。

一歩進めて、お金を勇猛果敢に使うことで売上の立ち方も違ってきます。

ケチって安い機械しか購入しなければ、単価の安い製品しか作れず、売上もそれなりにとどまってしまいます。飲食店ならある程度のお金をかけて、良い立地にセンスの良い店作りをし、良い素材の料理を出せなければ、それなりの単価の設定はできません。時には自分自身の成長のためにお金を使うことも必要でしょう。

「投資」というのは初めにお金が出て行くのですが、きちんと回収できるかは本当のところはわからない。非常に不安だし予定通りに行かない場合は、まるまる損をします。

しかし、そういう綱渡りをしなければ、それなりの見返りも期待できないのです。考えたら怖いですよね。でも世の成功している事業家はこういう経験を経て事業継続をしています。**経費を抑えるべきところは抑え、時には事業のために勇敢にお金を使**

うことも大事です。たとえ失敗しても、それを糧にして進んでいくぐらいの胆力も必要です。

◎最後に判断するのは……

不謹慎なことなのかも知れませんが、私は会社を立ち上げて、経営者になった方には**「夜、眠れなくなって一人前」「使えない従業員にちゃんと辞めてもらって一人前」「税務調査が入って一人前」**と申し上げています。

一般に言われているように、経営者というのは孤独で、重要な案件についても最終判断は自分でしなければなりませんし、資金繰りや従業員の問題も最終的には自分一人で処理しなければなりません。普通の方ならそういう悩みに押しつぶされそうになって、眠れない日々が続くこともあります。小規模な会社なら従業員の質も経営に大きく影響しますから、どうしても使えない従業員は、辞めていただくように仕向けなければならないことも生じます。税務調査だって、疑いをかけられる、ということは一人前の会社として税務署に認められた、という見方もできます。こういう苦しいことを経験して初めて一人前の経営者となり、ステップを一つ上がれるのですね。

フリーランスになりたての方も、ビジネスを拡大した後にはこのような未来があることをぜひ知っておいてほしいと思います。

お金のやりくり、仕事の取捨選択、人の配置など、ビジネスをやるうえでは悩むことは多く、周りの人に相談することもあるでしょう。

どんなに立派な方の意見であっても、身内の意見であっても、最後に判断するのは「あなた自身」です。

6章のまとめ

- 会社員からフリーランスになる時は、会社員時代からの人脈作りが大事。家族の協力体制もしっかりと。
- フリーランスにはいろいろなリスクが付きもの。リスクの種類は常に頭に置いて準備をしておく。
- 下請け仕事をするにしても、自分の強みをしっかり作って、「強い立場の下請け」を目指す。
- お金は抑えるべきところ、使うべきところのメリハリをつける。投資なくしては成長もない。

初心者でもわかる決算書の読み方

特別付録

決算と確定申告は違う

「決算」はフリーランス(個人)でも会社(法人)でも行うものです。確定申告をする時には、フリーランスの場合、まず売上や経費をまとめ、利益(所得)を出します。この作業が決算です。決算で出した数字をもとに税額を計算し、申告することが「確定申告」です。つまり、「決算」と「確定申告」は一連に続くものです。会社(法人)の場合も基本的な流れは同じで、「決算書」の利益をもとに法人税法上のアレンジをしたうえで確定申告をします。法人の場合は、対外的な報告の意味が強いので、より書類は増え、内容も複雑になります。決算書の基本となるものは貸借対照表(B/S)と損益計算書(P/L)の2つです。詳しくは次ページ以降で紹介します。

「決算」とは一定期間の利益や損失を計算すること。
「決算書」は個人の事業や会社の通信簿!

個人と法人の決算の違い

個人		法人
1月1日~12月31日	決算月	決算期は自由に選べる(会社設立時に決定、あとで変更も可能)
1年間の利益がどれぐらいになったかを明確にし、そこから税金の額を算出して申告する	決算の目的	基本的には取引先、株主、金融機関などに経営状況を報告する。同時に税金の申告もする
白色申告…収支内訳書 **青色申告**…青色申告決算書(「貸借対照表」「損益計算書」も含まれる)	決算書を構成する書類	「貸借対照表」「損益計算書」「キャッシュフロー計算書」「株主資本等変動計算書」「個別注記表」など
所得税申告書、決算書	申告のための書類	法人税申告書、決算書、勘定科目内訳明細書、法人事業概況説明書、法人事業・都民税申告書

書類は法人のほうが圧倒的に多くなるね

決算書で大事なのは 貸借対照表(B/S)と損益計算書(P/L)!

貸借対照表(B/S)

ある時点で会社にどれだけの資産があるかがわかる!

ある一定の時点での会社の財政状況を1枚に表したもの。左側は「資産」の合計、右側はどうやってお金を集めてきたのかを表します。つまり、他から借りて返済が必要な「負債」と自分たちが用意した「純資産」に分けられます。例えば、100万円を他から借金をしたら右は「負債」が100万円増え、左は「資産」が100万円増える、というように計上していきます。

流動資産(おおむね1年以内に現金化できる予定のもの)
現金・預金/売掛金(商品やサービスを渡し済みで、今後入ってくる予定のお金)/商品(いずれ現金化できる予定があるもの)など
固定資産(1年を超えて売上獲得に貢献する。すぐに現金化できない)
建物/車/備品など

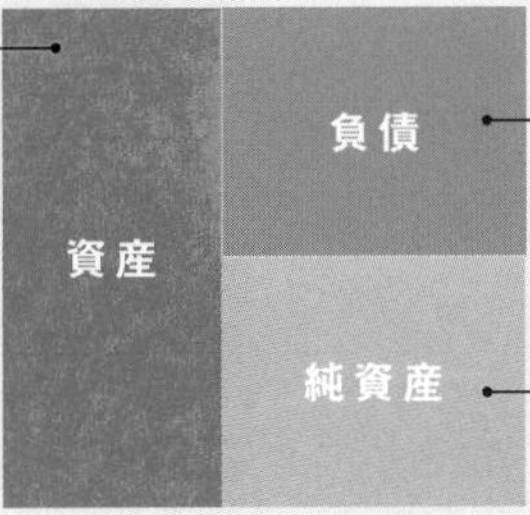

資産

負債

純資産

買掛金(まだ支払っていない商品やサービスなどのお金)
未払費用、未払金など

資本金(会社を作る時に準備したお金)
(繰越)利益剰余金(今までの利益の積み重ね)など

損益計算書(P/L)

この1年間で会社がどれだけ儲けたかがわかる!

1年間に「どれだけ儲けたか」「どれだけ損をしたか」を1枚に表したもの。利益=収益-費用で表すことができます。B/Sが今までの蓄積されている数字であるのに対し、P/Lは1年ごとにリセットされた数字です。ですから単年度の成果はわかるものの、会社の本当の姿(どれだけ資産や負債があるのか)は分かりません。

売上(製造)原価(商品の仕入れや製造に直接かかる費用)/販売費および一般管理費(スタッフの給料、店の賃料、広告宣伝費など売上(製造)原価以外の費用)など

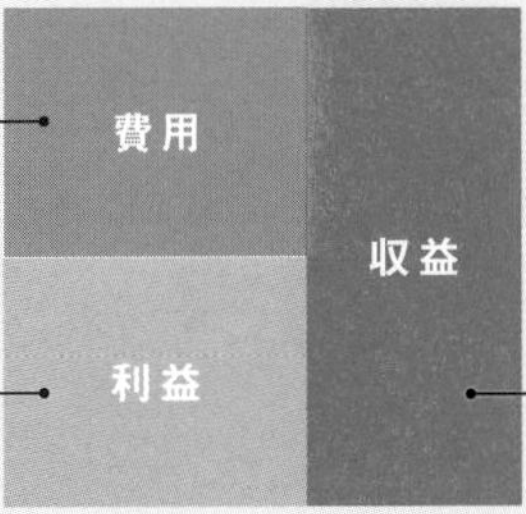

費用

利益

収益

売上総利益(粗利)、営業利益、経常利益、税引前当期純利益、税引後当期純利益

売上高ともいう

実際の決算書を見てみよう

A社の貸借対照表

A社はアクセサリー販売会社です。資本金500万円で創業。店舗は実店舗を1店持っています。

資産の部		負債の部	
科目	金額	科目	金額
流動資産	10,987,920	流動負債	8,033,916
現金	87,141	短期借入金	5,000,000
預金	5,062,452	未払費用	1,014,243
売掛金	3,680,905	未払金	171,662
商品	1,374,581	未払法人税等	93,070
仕掛品	313,111	預り金	936,215
前渡金	9,094	未払消費税等	818,726
前払費用	460,636		
固定資産	5,767,941	固定負債	1,000,000
（有形固定資産）	3,653,906	長期借入金	1,000,000
建物附属設備	2,827,726	負債合計	9,033,916
工具器具備品	826,180	**純資産の部**	
（投資その他の資産）	2,114,035	株主資本	7,721,945
出資金	1,510,000	資本金	5,000,000
敷金	604,035	（利益剰余金）	(2,721,945)
		その他利益剰余金	
		繰越利益剰余金	2,721,945
		純資産合計	7,721,945
資産合計	16,755,861	負債・純資産合計	16,755,861

金額は同じになる

まずは表の左半分の「資産」を見てみましょう。「資産」といっても、現金化した時に必ずしもその金額にならないものもあるので注意が必要です。

現金

現金商売でない限り、通常は数万円から数十万円あるはずです。ここの金額と実際に手元にある金額に差がある場合は、預金から引き出した形跡があるのに対応する領収書がなくて経費として処理できなかったり、使途不明金でどこの勘定項目にも入れられなかったものがここに載っている可能性があるので注意が必要です。

預金

会社は貯金をするところではないので、ここも多くあればいいというものでもありません。月商の1～3ヶ月ぐらいあれば十分です。効率的に資金を使って売上を伸ばすことも考えていきましょう。

売掛金

多ければ多いほど、売上が伸びていることを意味しますが、その分、資金が不足するはずです。回収できないかもしれないというリスクを抱えていることにもなります。売掛金は早期回収が大事です。

商品(在庫)

これも、売れればお金になりますが、売れ残れば損失になってしまいます。

固定資産

有形固定資産とは、ここでは店舗や什器備品のこと。

出資金

ここは信用金庫の口座開設のための出資金や投資のために出資した金額です。

資産の部	
科目	金額
流動資産	10,987,920
現金	87,141
預金	5,062,452
売掛金	3,680,905
商品	1,374,581
仕掛品	313,111
前渡金	9,094
前払費用	460,636
固定資産	5,767,941
(有形固定資産)	3,653,906
建物附属設備	2,827,726
工具器具備品	826,180
(投資その他の資産)	2,114,035
出資金	1,510,000
敷金	604,035
資産合計	16,755,861

次に表の右半分の「負債」「純資産」を見てみましょう。「負債」は、「いずれ(必ず)支払わなければならないもの」を表しています。

負債の部	
科目	金額
流動負債	8,033,916
短期借入金	5,000,000
未払費用	1,014,243
未払金	171,662
未払法人税等	93,070
預り金	936,215
未払消費税等	818,726
固定負債	1,000,000
長期借入金	1,000,000
負債合計	9,033,916
純資産の部	
株主資本	7,721,945
資本金	5,000,000
(利益剰余金)	(2,721,945)
その他利益剰余金	
繰越利益剰余金	2,721,945
純資産合計	7,721,945
負債・純資産合計	16,755,861

負債の内容

ここにはありませんが、もし「買掛金」と同じ金額、同じ期日の「売掛金」があれば、ちょうど入金と支払いのタイミングが合って資金繰りが楽になるはずです。
「未払費用」は家賃や保険料、機材などのリース料といった費用の「未払い分」が挙げられます。
「未払金」は、商品を買うこと以外の取引で使われた、払うことが確定した未払い分。
「借入金」とは、借金の会計用語です。なければないに越したことはないですが、資金は事業における「血液」のようなもの。事業をするにおいては必要であれば恐れずに借金しましょう。「借入金」とは仲良く付き合うことです。

資本金

「資本金」というのは、会社を始める時に用意したお金で、一番最初はこれに相当する現金が確かにあったのですが、このお金を使って商品を仕入れたりいろんな経費に充てたりしたので、その後は必ずしも手元にあるわけではありません。この会社であれば、「私の会社は500万円の現金を持って始めました」という「記録」にすぎないのです。その後は「増資」といって資本金を追加することもあります。

繰越利益剰余金

これは、創業以来、頑張って作ってきた利益の累積額のことです。

純資産合計

資本金と繰越利益剰余金を合わせて「純資産」といい、いわば会社の体力を表すことになります。ただし、その裏付けは売掛金やその他の固定資産が入っているので、これに相当する「現金預金」が必ずしもあるわけではありません。純資産がマイナスになると「債務超過」といい、直ちに倒産するわけではありませんが、倒産の可能性がはじまることを意味します。

会社の貸借対照表（B／S）を見る時は、
まずは純資産の合計がプラスになって
いるかチェックしよう！

A社の損益計算書（P／L）

損益計算書は、下のように、左右に分けず、上から下に表示していくのが一般的な書き方です。本業の儲けと、本業以外の儲けの区別がわかりやすいことがメリットです。

科目		金額	
【売上高】			
売上高			52,287,290
【売上原価】			
期首棚卸高		1,182,000	
仕入高		37,152,230	
当期製品製造原価		2,011,222	
合計		40,345,452	
期末棚卸高		1,374,581	38,970,871
	売上総利益金額		13,316,419
【販売費及び一般管理費】			12,923,000
	営業利益金額		393,419
【営業外収益】			
受取利息		129	
受取配当金		1,500	
雑収入		113,749	115,378
【営業外費用】			
支払利息		277,326	
その他		5,462	282,788
	経常利益金額		226,009
	税引前当期純利益金額		226,009
	法人税、住民税及び事業税		△93,070
	当期純利益金額		132,939

左ページへ

228ページへ

会社の本業の営業成績

本業以外も足した会社の成績

最終的な成績

＼ まとめると ／

費用

利益

収益

1年間の総売上と売上原価の内容を見てみよう!

科目		金額	
【売上高】			
売上高			52,287,290
【売上原価】			
期首棚卸高		1,182,000	
仕入高		37,152,230	
当期製品製造原価		2,011,222	
合計		40,345,452	
期末棚卸高		1,374,581	38,970,871

売上高
代金の入金がなくても、仕事が終わってお金がもらえる状態になったら、その期の売上に含める。

前期の在庫金額

今期の在庫金額

仕入高
当期製品製造原価
代金の入金がなくても、仕事が終わって売れた商品の仕入れや製造にかかった費用です。これは、「商品を仕入れた費用」でなく「売れた分の仕入れ時の金額」であることがポイントです。
62ページで経費とは「売上を獲得するための支出」と言いました。仕入れた商品は「売れて初めて」売上に貢献します。つまり、その期に売れた商品に対応する仕入れ費用のみが「売上原価」となり、売れ残った商品は「在庫」になります。

売上原価
当期中に販売した商品に対して発生した費用

それぞれの利益の内容を見て、必要な経費をちゃんと計上しているか、もしくは無駄な経費がないか、チェックしよう!

科目			金額
	売上総利益金額		13,316,419
【販売費及び一般管理費】			12,923,000
	営業利益金額		393,419
【営業外収益】			
受取利息		129	
受取配当金		1,500	
雑収入		113,749	115,378
【営業外費用】			
支払利息		277,326	
その他		5,462	282,788
	経常利益金額		226,009
	税引前当期純利益金額		226,009
	法人税、住民税及び事業税		△93,070
	当期純利益金額		132,939

いろいろな種類の「利益」

普通、P／Lに出てくる「利益」にはいろいろな種類があり、それぞれ言葉の意味が違います。なかでも「利益のスタート」である「売上総利益」がしっかり確保できているかを確認します。当期純利益が黒字でもこの売上総利益が赤字では「本末転倒」になります。注意すべきは売上利益算出の過程で必要な勘定科目を計上しているか？ ということです。

雑収入

内容をよく確認しましょう。

その他

この金額が大きい時は中身をしっかり確認しましょう。

販売費及び一般管理費の内容

科目		金額	
役員報酬		2,190,000	
給与手当		3,400,000	
賞与		1,700,000	
法定福利費		725,073	
福利厚生費		14,266	
旅費交通費		205,923	
通信費		233,650	
交際費		223,972	
会議費		46,248	
減価償却費		386,945	
賃借料		82,200	
地代家賃		2,774,800	
修繕費		107,520	
水道光熱費		159,737	
消耗品費		356,106	
租税公課		74,229	
その他◎		164,248	
雑費		78,083	
	合計		**12,923,000**

販売費及び一般管理費
経費はこのように別紙で表記します。上のようにいろいろとありますが、大企業で公認会計士の監査の必要がない限りは、この分類はあまり神経質にならなくても大丈夫です。

B／S、P／Lが読めるように
なったら経営者としても一人前！

おわりに

整理されていない領収証をごっそりと持ち込んでくる。いまだにそのようなフリーランスがいます。税理士は依頼されれば整理しますが、そういう方は確定申告書ができると「そんなに税金払うんですか!?」と必ずおっしゃいます。

他にお金のあてがある方はいいでしょうが、自分自身のビジネスで生活していかなければならないフリーランスにとっては、「お金の管理」はとても大事になります。

節約を旨としてお金の管理をきっちりとして、堅実に経営するということは確かに面白いことではないかもしれません。せっかくフリーランスになったのですから派手に飲み食いしたいのも理解できます。

それでも、日々の領収書を整理するなどで、入ってくるお金と出ていくお金をしっかり把握することが、最終的にはお金の苦労を減らしたり、事業の成長に繋がっていったりするのではないでしょうか。

28年の税理士人生で様々なおせっかいをしてきた結果をこの本にまとめてみました。本書を読まれた皆様がこの本でますます発展されることになれば、著者としては大変幸せであり、感謝に堪えません。

この本の作成に当たって、編集者の江口さん、ライターの六本木さんには大変お世話になりました。また、この出版の機会を与えてくれた「Ginza Edit!」の山下佳奈子さん、アスコムの柿内さん、本当にありがとうございました。愛する家族にも感謝です。

2023年12月

廣岡 実

お金の管理が苦手なフリーランスのための
お金と税金のことが90分でわかる本

発行日　2024年 2 月 2 日　第 1 刷

著者　廣岡 実

本書プロジェクトチーム
編集統括　柿内尚文
編集担当　入江翔子
企画　江口祐子
編集協力　六本木博之
デザイン　喜來詩織（エントツ）
イラスト・漫画　福田玲子
図版・DTP　小堀由美子（有限会社アトリエゼロ）
校正　鴎来堂

営業統括　丸山敏生
営業推進　増尾友裕、綱脇愛、桐山敦子、相澤いづみ、寺内未来子
販売促進　池田孝一郎、石井耕平、熊切絵理、菊山清佳、山口瑞穂、吉村寿美子、矢橋寛子、遠藤真知子、森田真紀、氏家和佳子
プロモーション　山田美恵

編集　小林英史、栗田亘、村上芳子、大住兼正、菊地貴広、山田吉之、大西志帆、福田麻衣
講演・マネジメント事業　斎藤和佳、志水公美
メディア開発　池田剛、中山景、中村悟志、長野太介
管理部　早坂裕子、生越こずえ、本間美咲
マネジメント　坂下毅
発行人　高橋克佳

発行所　株式会社アスコム

〒105-0003
東京都港区西新橋2-23-1　3東洋海事ビル
編集局　TEL：03-5425-6627
営業局　TEL：03-5425-6626　FAX：03-5425-6770

印刷・製本　株式会社光邦

Printed in Japan ISBN 978-4-7762-1308-6